스테이블코인
이미 시작된 돈의 미래

스테이블코인, 이미 시작된 돈의 미래

초판 1쇄 발행 2026년 1월 26일

지은이 세이지

펴낸이 조기흠
총괄 이수동 / **책임편집** 유지윤 / **기획편집** 박의성, 최진, 이지은
마케팅 박태규, 임은희, 김예인, 김선영 / **제작** 박성우, 김정우
디자인 채홍디자인 / **교정교열** 공순례

펴낸곳 한빛비즈(주) / **주소** 서울시 서대문구 연희로2길 76, 5층
전화 02-325-5506 / **팩스** 02-326-1566
등록 2008년 1월 14일 제 25100-2017-000062호

ISBN 979-11-5784-854-6 03320

이 책에 대한 의견이나 오탈자 및 잘못된 내용은 출판사 홈페이지나 아래 이메일로 알려주십시오.
파본은 구매처에서 교환하실 수 있습니다. 책값은 뒤표지에 표시되어 있습니다.

⌂ hanbitbiz.com ✉ hanbitbiz@hanbit.co.kr ⑰ facebook.com/hanbitbiz
Ⓝ blog.naver.com/hanbit_biz ▶ youtube.com/한빛비즈 ⑮ instagram.com/hanbitbiz

지금 하지 않으면 할 수 없는 일이 있습니다.
책으로 펴내고 싶은 아이디어나 원고를 메일(hanbitbiz@hanbit.co.kr)로 보내주세요.
한빛비즈는 여러분의 소중한 경험과 지식을 기다리고 있습니다.

스테이블코인
이미 시작된 돈의 미래

세이지 지음

한빛비즈
Hanbit Biz, Inc

이미 시작된 스테이블코인의 시대

2024년 1분기 스테이블코인stablecoin 네트워크를 통해 처리된 온체인OnChain 기준 자금 이동 규모는 약 8조 5,000억 달러에 달합니다. 이를 연간 기준으로 환산하면 약 30조 달러 규모의 자본이 디지털 네트워크 위에서 이동할 수 있는 처리 능력이 이미 형성되었음을 의미합니다.

한편 실제 결제 기준으로 집계되는 스테이블코인의 연간 누적 거래액은 2025년 기준 약 7조 2,000억 달러로 추산됩니다. 이는 비자Visa의 2024년 연간 결제액 약 13조 달러의 절반을 넘어서는 수준입니다. 현시점에서 스테이블코인이 기존 카드 네트워크를 완전히 대체하지는 않았습니다. 그러나 더는 주변부의 실험으로 치부하기 어려운 규모에 도달한 것도 분명합니다. 이미 글로벌 금융 인프라의 한 축으로 편입되었다고 평가할 수 있습니다.

중요한 점은 규모가 폭발적으로 성장했다는 사실이 아닙니다. 지금 벌어지고 있는 변화의 본질을 봐야 하는데, 바로 돈이 이동하는 방식 자체가 바뀌고 있다는 것입니다. 이 변화는 가격 상승이나 투기 열풍의 결과가 아닙니다. 사용량 증가가 시장을 키웠습니다. 해외 송금, 글로벌 기업의 거래 정산, 플랫폼 간 결제, 신흥국에서의 실질적 통화 대체 수단까지 스테이블코인은 기존 개념의 '보유하는 자산'이 아니라 '흐르는 돈'이 되고 있습니다. 자본의 이동 경로가 조용하지만 되돌릴 수 없는 방식으로 재편되고 있습니다.

이 변화는 가상자산 커뮤니티가 아니라 금융사와 글로벌 기업의 내부 회의실에서 먼저 감지되었습니다. 지난 몇 년간 은행, 카드사, 결제사, 핀테크FinTech 기업의 전략 회의에서 반복적으로 등장하던 주제는 이미 방향이 바뀌었습니다. 이제 문제는 '왜 스테이블코인인가?'가 아닙니다. 지금 시장의 질문은 이것입니다. '이 스테이블코인을 우리는 어떻게 활용할 것인가?'

스테이블코인, 이미 시작된 돈의 미래

은행들은 주말과 공휴일에 멈추는 기존 결제망을 새로운 관점으로 들여다보기 시작했습니다. 카드사와 결제대행사 payment gateway: PG는 국경을 넘나드는 정산 비용과 시간을 구조적으로 재검토하고 있습니다. 글로벌 플랫폼 기업들은 수백 개 국가의 판매자에게 지급되는 대금을 '며칠'이 아니라 '분 단위'로 정산할 방법을 요구하고 있습니다. 이 요구들이 만나는 지점에 스테이블코인이 있습니다.

이 흐름은 이미 실험 단계를 넘어섰습니다. JP모건J.P. Morgan은 기업 간 결제에 토큰화된 달러를 활용하고 있습니다. 비자와 마스타카드Mastercard는 스테이블코인을 결제 뒤편의 정산 인프라로 흡수하는 실험을 진행 중입니다. 페이팔PayPal과 스트라이프Stripe는 자체 스테이블코인을 통해 글로벌 이용자를 하나의 결제 네트워크로 묶고 있습니다. 이들이 공통적으로 내린 결론은 분명합니다. 스테이블코인은 새로운 자산이 아니라 새로운 결제 레일이라는 것입니다.

이 지점에서 스테이블코인은 더 이상 핀테크의 문제가 아닙니다. 달러 패권dollar hegemony의 문제이며, 동시에 AIartificial intelligence(인공지능) 시대의 금융 인프라 문제입니다. 현재 유통되는 스테이블코인의 99퍼센트 이상은 달러에 연동되어 있습니다. 이는 우연이 아닙니다. 달러는 이미 국제 무역과 금융의 기준 통화입니다. 스테이블코인은 그 달러를 국경, 시간, 은행 시스템의 제약 없이 이동시키는 도구로 기능합니다. 미국 입장에서 스테이블코인은 민간이 주도하지만 결과적으로는 달러의 도달 범위를 확장하는 장치로 작동합니다.

실제로 주요 스테이블코인 발행사들이 보유한 미국 국채 government bond 규모는 일부 국가의 국채 보유량을 넘어섰습니다. 민간 기업이 발행한 디지털 달러가 미국 국채의 안정적 수요처로 기능하는 구조가 형성되고 있습니다. 여기에 AI가 결합되면서 변화는 더욱 가속됩니다. AI는 24시간 멈추지 않고 데이터를 사고, 서비스를 구매하며, 계약을 실행합니다. 이런 환경에서 사람이 승인해야 하고 영업시간에만 작동하는 기존 금융 시스템은 구조적 병목이 됩니다. 멈추지 않는 경제에는 멈추지 않는 돈이 필요합니다.

그렇다면 우리는 이 흐름을 어떻게 바라봐야 할까요? 스테이블코인은 새로운 기회일까요, 아니면 금융 시스템을 위협하는 불안 요소일까요? 달러 스테이블코인의 확산은 개인과 기업에는 효율과 속도를 제공합니다. 동시에 국가에는 통화 주권과 금융 안정성이라는 부담을 안깁니다. 은행 예금이 줄어들면 대출 여력은 위축됩니다. 원화 대신 디지털 달러가 선택될수록 정책의 효과는 약해집니다. 이 변화는 단순한 기술 혁신이 아닙니다. 권력과 신뢰의 재배치입니다.

이 책을 쓴 목적은 스테이블코인을 옹호하거나 비난하는 것이 아닙니다. 이미 시작된 이 자본 이동을 감정이 아니라 구조로 설명하려는 시도입니다. 그래서 우선, 누가 이 흐름에서 이익을 얻고 있는지를 살펴봅니다. 어떤 리스크가 어디에 쌓이고 있는지 짚습니다. 나아가 개인, 기업, 국가는 각각 어떤 선택지 앞에 서 있는지도 정리합니다.

지금 스테이블코인을 이해하지 못한다는 것은 미래의 화폐를 애써 외면하며 현재의 돈만 붙잡고 있는 것과 같습니다. 이 책은 그 간극을 메워줄 지도입니다. 이미 움직이기 시작한 돈의 방향을 읽지 못한다면, 선택권은 시장이 아니라 타인의 손에 넘어가게 됩니다.

차례

2장 이미 시작된 스테이블코인의 조용한 점령

3장　판을 흔드는 자와 흔들리는 자

4장 스테이블코인과 돈의 미래

부록

"기존 현금은 할 수 없는 일을
스테이블코인이 해낼 수 있을지도 모른다."

_제이미 다이먼Jamie Dimon(JP모건 CEO)

1장

스테이블코인은
어떻게 돈이 될 수 있는가

01   형태는 변해도
본질은 변하지 않는다

돈은 언제부터 있었을까?

돈의 흔적이 발견되는 시점은 인류가 교환을 시작했을 때로 거슬러 올라갑니다. 기원전 3000년 무렵 메소포타미아에서는 곡물과 은괴가 교환의 매개체로 쓰였습니다. 곡물은 곧바로 식량으로 활용할 수 있었기에 가치의 척도가 됐고, 은은 희소한 자원이었기에 화폐 역할을 할 수 있었습니다.

더 멀리 가면 태평양 야프섬 사람들은 직경 3미터에 달하는 거대한 석화石貨를 화폐로 사용했습니다. 무게가 수 톤에 달하는 돌덩이는 너무 무거워 옮길 수 없었지만, 마을 사람 모두가 '이 돌은 누구의 것'이라고 합의했기에 소유권이 기록처럼 남았습니다. 그 합의가 곧 화폐의 기능을 한 것입니다. 오늘날 블록체인blockchain 원장의 개념을 떠올리게 하는 사례입니다.

고대 중국에서는 조개껍데기가 화폐로 통용됐습니다. 희소성과 내구성이 있어서 '다 같이 돈으로 쓰자'라는 사회적 합의를 통해 가치를 지니게 됐죠. 돈을 의미하는 한자의 '貨'(화)에 조개 패貝가 들어간 것도 그 흔적입니다.

한국의 역사에서도 흥미로운 사례를 볼 수 있습니다. 삼국 시대에는 고구려와 신라에서 곡식이나 포布(베)를 화폐처럼 사용했으며, 고려 시대에는 중국 송나라에서 들여온 동전이 쓰였습니다. 조선 시대에 이르러서는 상평통보라는 동전이 본격적으로 유통circulation됐는데, 이는 전국적으로 가장 널리 사용된 통일 화폐였습니다. 상평통보는 구리로 만든 원형 화폐로, 서울뿐 아니라 지방 장터에서도 통용되며 상업 발달의 토대가 됐습니다.

스테이블코인, 이미 시작된 돈의 미래

이처럼 화폐의 기원은 그저 어떤 물건이 아니라 공동체가 공유하는 믿음이었습니다. 돌과 조개, 은괴와 동전이 가치 있는 이유는 모두가 그것을 돈으로 받아들이기로 합의했기 때문입니다. 즉, 돈의 본질은 기술이 아니라 신뢰였습니다.

제국과 교역 그리고 화폐

기원전 7세기, 소아시아의 리디아 왕국은 세계 최초로 금화와 은화를 주조했습니다. 일정한 무게와 모양을 가진 주화는 교역을 촉진했고, 국왕의 얼굴을 새겨 넣음으로써 정치적 권위를 부여했습니다.

로마 제국은 금화 아우레우스aureus와 은화 데나리우스 denarius를 통해 전 유럽과 지중해를 하나의 거대한 경제권으로 묶었습니다. 로마 군단이 진격하는 곳마다 화폐가 함께 퍼졌고, 사람들은 "돈이 통하는 곳이 곧 제국의 땅"이라고 말했습니다.

동아시아에서도 글로벌 무역을 이끈 중요한 화폐 체계가 있었습니다. 바로 명나라의 은본위제입니다. 신대륙에서 대량으로 채굴된 은이 스페인을 거쳐 아시아로 흘러왔고, 명

나라는 세금을 은으로만 납부하게 했습니다. 그 결과 중국은 세계 은의 최대 수요처가 됐고, 은은 세계 최초의 글로벌 화폐로 자리 잡았습니다. 이와 함께 조선과 일본에서도 은 채굴과 무역이 활발해졌습니다. 조선은 은을 중국에 수출하며 국제 무역의 일부로 편입됐고, 조선 상인들은 은을 통해 중국과 일본을 연결하는 교역망을 유지했습니다.

중세 이후 교역이 활발해지면서 금융은 한층 복잡해졌습니다. 베네치아와 제노바 상인들은 어음을 발행해 멀리 떨어진 도시에서도 안전하게 결제할 수 있게 했습니다. 금속화폐를 직접 운반하는 위험을 줄이고, 신용을 기반으로 거래를 연결한 초기 금융 혁신이었습니다.

대항해 시대가 열리면서 은과 금은 전 세계에서 사용됐습니다. 특히 신대륙에서 채굴된 은이 스페인을 거쳐 유럽과 아시아로 흘러갔습니다. 중국 명나라의 은본위제는 글로벌 무역 네트워크의 중심에 있었고, '세계 최초의 글로벌 통화는 은'이라는 평가가 나올 정도였습니다. 돈은 제국의 권위를 넘어 세계를 묶는 수단이 됐습니다.

금본위제와 달러의 시대

근대에 들어 화폐는 다시 한번 변모합니다. 1816년 영국이 금본위제gold standard를 채택함으로써 파운드화는 금으로 뒷받침되는 세계의 기준 통화가 됐습니다. 산업혁명과 제국주의 무역이 결합하면서 19세기 런던은 세계 금융의 수도로 자리 잡았습니다.

20세기 중반에는 달러가 그 자리를 이어받았습니다. 1944년 발족한 브레턴우즈 체제Bretton Woods system는 달러를 금과 연동해 기축통화key currency로 만들었습니다. 1온스의 금이 35달러로 고정됐고, 세계 각국 통화는 달러에 맞춰 환율을 정했습니다. 이를 고정환율제도라고 합니다.

그러나 1971년, 미국의 경상·무역 적자가 감당할 수 있는 수준을 넘어섰습니다. 이에 리처드 닉슨 대통령이 달러의 금 교환을 중단하면서 금본위제는 막을 내렸습니다. 금본위제를 유지한다면 달러화의 가치와 환율이 고정되어 인플레이션이나 재정 적자에 대응하고 환율을 조정하기가 매우 어려웠기 때문입니다. 이 결정은 세계 통화 체계의 붕괴로 이어졌고, 이후 변동환율제도로 이행하는 계기가 되어 '닉슨 쇼크'라고 불립니다.

닉슨 쇼크 이후 달러는 더 이상 금으로 뒷받침되지 않는 불환지폐fiat money가 됐지만, 미국의 경제력과 금융 네트워크의 힘으로 달러 패권은 오히려 강화됐습니다. 달러는 그저 종이 돈이 아니라 미국의 군사력, 경제 규모, 금융 인프라라는 복합적 신뢰 위에서 기축통화로 군림하게 된 것입니다.

카드, 모바일 결제 그리고 금융 네트워크

20세기 후반부터 돈은 점점 물리적 형태를 벗어났습니다. 1950년 다이너스클럽Diners Club 카드가 등장하면서 신용 기반의 결제가 시작됐고, 이어 비자와 마스타카드가 글로벌 네트워크를 구축했습니다. 오늘날 전 세계 카드 결제의 40퍼센트를 비자가, 25퍼센트를 마스타카드가 처리합니다.

21세기 들어 인터넷 뱅킹, 모바일 결제가 확산하면서 소비자 결제는 한층 편리해졌습니다. 한국에서는 카카오페이와 네이버페이가 보편화됐고, 중국에서는 알리페이Alipay와 위챗페이WeChat Pay가 현금을 대체했습니다. 미국과 유럽에서도 애플페이Apple Pay, 구글페이Google Pay가 등장하면서 모바일 결제는 새로운 표준이 됐습니다.

하지만 국경을 넘어가는 돈의 흐름은 여전히 과거의 방식에 머물러 있었습니다. 국제 송금의 90퍼센트 이상이 SWIFT(국제은행간통신협회) 네트워크를 거치며, 평균 2~5일이 소요되고 수수료가 최대 7퍼센트에 달했습니다. 해외 노동자가 본국의 가족에게 돈을 보낼 때 은행 창구에서 떼어가는 비용은 가계 부담으로 직결됐습니다. 소비자 결제는 혁신적으로 빨라졌지만, 글로벌 금융 인프라는 여전히 느리고 비쌌던 것입니다.

신뢰의 구조 그리고 블록체인

화폐의 역사는 신뢰의 역사였습니다. 금본위제에서는 금이 보증했고, 불환지폐 시대에는 국가와 중앙은행이 보증했습니다. 국제 무역에서는 제국과 강대국이 신뢰를 설계했습니다. 한마디로, 돈은 언제나 '누가 보증하느냐'가 중요했습니다.

그러나 블록체인의 등장이 신뢰의 구조를 바꿔놓았습니다. 이제 신뢰는 특정 국가나 기관이 아니라 구조 자체에서 나옵니다. 네트워크 합의, 분산 원장, 암호학적 검증이 곧 신뢰의 기반이 됐습니다. 2009년 비트코인Bitcoin이 이런 원리를 실험하며 '은행 없는 돈'을 선언했습니다. 비록 변동성이 커 화폐로서 완전한 기능을 하지는 못했지만, 신뢰를 중앙에서 구조로 이동시켰다는 점에서 혁명적 전환이었습니다.

사람들은 다시 질문했습니다.

'블록체인의 개방성과 속도를 살리면서도 달러와 같은 안정성을 확보할 방법은 없을까?'

그 질문에서 태어난 것이 바로 웹3web3 생태계의 스테이블코인입니다.

• • •

조개껍데기에서 시작된 돈은 제국의 권위와 금본위제, 달러와 금융 네트워크를 거쳐 카드와 모바일 결제로 진화했습니다. 그러나 국경을 넘나드는 송금은 여전히 비싸고 느리며, 새로운 해법이 필요합니다.

화폐의 역사는 언제나 신뢰의 역사였습니다. 과거에는 '누

돈의 형태 진화

물물교환	금속 화폐	금본위	법정화폐	디지털 화폐
실물가치	왕/국가 권력	금과의 교환 가능성	국가 신용	네트워크 합의

가 보증하는가'의 문제였다면, 블록체인 시대에는 '어떤 구조가 신뢰를 담보하는가'의 문제로 바뀌고 있습니다. 그리고 오늘, 스테이블코인은 이 질문에 대한 가장 유력한 답으로 부상하고 있습니다.

| Deep Dive | 웹3 세계와 비트코인 |

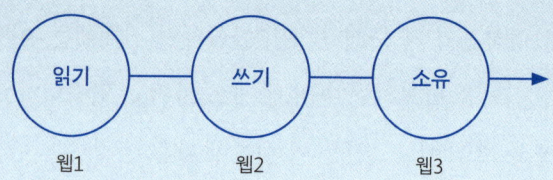

읽기　　　　쓰기　　　　소유

웹1　　　　웹2　　　　웹3

　인터넷이 처음 등장한 1990년대 초반을 떠올려봅시다. 인터넷을 켜면 단순한 웹페이지가 하나 열리고, 거기에 글 몇 줄이 적혀 있는 게 전부였습니다. 신문 기사를 모니터로 읽는 것과 크게 다르지 않았습니다. 정보를 '읽기만 하는 인터넷', 이것이 바로 웹1이었습니다.

　2000년대 들어 상황이 달라졌습니다. 페이스북, 유튜브, 네이버, 카카오 같은 서비스가 등장했고 사람들은 이제 글을 읽는 데서 그치지 않았습니다. 직접 글과 사진을 올리고, 댓글을 달고, 서로 연결되기 시작했습니다. 인터넷은 양방향으로 진화했습니다. 이 시기가 웹2입니다. 하지만 문제가 하나 있었습니다. 우리가 쓴 글과 사진, 우리가 만든 데이터에서 생기는 이익이 대부분 플랫폼 기업의 몫이 된다는 사실이었죠.

가장 최근에 등장한 개념이 웹3입니다. 웹3는 읽고 쓰는 것을 넘어 소유까지 할 수 있는 인터넷을 뜻합니다. 예를 들어 내가 게임 속에서 만든 캐릭터 아이템이나 디지털 그림이 있다면, 그것을 내가 직접 소유하고 다른 사람과 거래할 수 있습니다. 심지어 다른 게임이나 플랫폼에서도 그대로 사용할 수 있습니다. 내가 산 옷을 집밖에서도 입을 수 있는 것과 마찬가지로, 내가 가진 디지털 자산이 여러 공간에서 통용되는 세상이 펼쳐지는 겁니다. 이제는 구글이나 카카오 같은 중개 회사를 거치지 않아도 이용자끼리 직접 연결되는 구조가 만들어지고 있습니다.

웹3 세계를 움직이는 도구들

먼저 토큰token입니다. 토큰은 디지털 세상의 '표지판'이자 '입장권'입니다. 놀이공원에 들어가려면 입장권이 필요하듯 웹3에서는 게임 속 아이템, 미술 작품, 심지어 투표권까지 토큰으로 바꿔 소유합니다. 똑같은 것이 여러 개 찍혀 나오는 놀이공원 티켓처럼 동일한 토큰도 있고, 단 하나뿐인 한정판 앨범처럼 세상에서 유일한 토큰도 있습니다.

다음은 스마트 계약smart contract입니다. 이름은 어렵지만 사실 원리는 간단합니다. 자판기를 떠올려보세요. 동전을 넣고 음료를 선택하면 사람이 과정을 일일이 확인하지 않아도 그 음료수가 정확히 나옵니다. 스마트 계약은 이 자판기를 디지털로 옮겨놓은 것과 같습니다. 내가 온라인 쇼핑몰에 돈을 보내면, 자동으로 판매자에게 입금되고 동시에 배송이 시작되는 구조입니다. 중개인이나 은행 직원이 끼어들지 않아도 약속이 실행되는 겁니다.

이제 탈중앙화decentralization를 살펴봅시다. 학창 시절의 교실을 떠올리면 이해하기 쉽습니다. 각 반에서는 보통 반장이 반의 규칙을 정하거나 선생님의 말씀을 전달하죠. 그런데 웹3는 '반장 없는 반'과 비슷합니다. 특정 회사나 기관이 모든 권한을 쥐는 게 아니라 수많은 참여자가 네트워크를 함께 운영합니다. 누군가가 마음대로 문을 잠그거나 독단적으로 규칙을 바꾸기 어렵기 때문에 더 자유롭고 공정한 구조가 되는 것입니다.

내 자산을 실제로 담아두고 관리하는 곳은 지갑wallet입니다. 집 밖에서 현금을 쓰려면 지갑이 필요하듯, 웹3에서도 토큰을 보관하고 거래하려면 디지털 지갑이 필요합니다. 이 지갑에는 '내가 가진 디지털 자산'을 보여주는 잔액표와 거래를 승인하는 열쇠가 들어 있습니다. 은행 통장과 현관 열쇠가 합쳐진 것이라고 생각하면 됩니다.

웹3가 안전하게 돌아가기 위해 필요한 두 가지 기술

첫째는 합의consensus 알고리즘입니다. 학예회에서 부를 합창곡을 반 친구들이 손을 들어 다수결로 정하는 것처럼, 블록체인에서는 전 세계 컴퓨터들이 동시에 '이 기록이 맞다'라고 확인하는 규칙이 있습니다. 어떤 시스템은 복잡한 수학 문제를 풀어야 인정받고(작업증명proof-of work: PoW), 또 어떤 시스템은 코인을 많이 가진 사람이 우선권을 가지기도 합니다(지분증명proof of stake: PoS). 이런 합의 알고리즘은 블록체인이 모두에게 똑같은 장부를 유지하게 하는 규칙입니다.

둘째는 영지식증명zero-knowledge proof: ZKP입니다. 말은 어려워보이지만, 원리는 '비밀 퀴즈'와 같습니다. 한 학생이 수학 문제를 풀었다고 할 때, 답을 공개하지 않고도 자기가 정말 풀었다는 사실을 증명하는 방법이 있다면 어떨까요? ZKP 방식이 바로 그런 기술입니다. 거래 내용을 모두 드러내지 않고 이 거래가 맞다는 사실만 보여줄 수 있습니다. 그래서 개인 정보를 지키면서 신뢰를 유지할수 있는 겁니다.

토큰, 스마트 계약, 탈중앙화, 지갑, 합의 알고리즘, ZKP 방식. 이 여섯 가지가 모여 웹3라는 새로운 인터넷 세상을 만듭니다. 이제는 읽고 쓰는 것을 넘어 디지털 자산을 내가 직접 소유하고, 중개인 없이 서로 거래하며, 동시에 안전을 보장받는 세상이 열린 거죠.

이 모든 것을 가능케 하는 배경 기술이 블록체인입니다. 블록체인은 거래 내역을 장부에 기록하는데, 이 장부를 특정 은행이나 회사가 독점하는 것이 아니라 전 세계 수많은 컴퓨터가 동시에 보관하고 확인합니다. 예컨대 한 사람이 하나의 노트에 기록하는 것이 아니라 수백만 명이 똑같은 노트를 동시에 가지고 서로 맞춰보는 방식입니다. 누군가가 장부를 고치려 하면 다른 모든 노트와 기록이 맞지 않기 때문에 금세 들통납니다. 그래서 블록체인은 중앙의 은행이 없어도 신뢰를 유지할 수 있는 구조입니다.

블록체인을 기반으로 하여 등장한 최초의 화폐가 바로 비트코인입니다. 2008년 10월 '비트코인 백서'를 통해 처음 등장한 비트코인은 '은행이 없어도 개인 간에 직접 돈을 주고받을 수 있다'는 실험이었습니다. 비트코인은 '디지털 금'처럼 가치 저장 수단으로 주목받았고, 그다음 세대인 이더리움Ethereum은 돈을 주고받는 것을 넘어 다양한 프로그램을 실행할 수 있는 플랫폼으로 진화했습니다. 예를 들어 이더리움 기반으로는 '조건이 충족되면 자동으로 실행되는 계약'을 만들 수 있습니다. 온라인 쇼핑몰에서 돈을 보내면 자동으로 판매자에게 입금되고 동시에 배송 주문이 실행되는 식입니다.

정리하자면 웹1은 읽는 인터넷, 웹2는 읽고 쓰는 인터넷, 웹3는 읽고 쓰고 소유하는 인터넷입니다. 그리고 웹3의 기반 기술이 블록체인이고, 그 위에서 비트코인은 디지털 화폐로, 이더리움은 디지털 화폐이자 프로그램 플랫폼으로 진화했습니다.

02 비트코인은 왜 돈이 되지 못했나

세상에서 가장 유명한 피자 거래

2010년 5월 22일, 미국 플로리다의 프로그래머 래즐로 핸예츠Laszlo Hanyecz가 온라인 포럼에 이런 글을 남겼습니다.

"비트코인으로 피자 두 판을 살 수 있을까요? 1만 비트코인을 드리겠습니다."

그는 그저 장난을 한 것이 아니었습니다. 당시 비트코인은 태어난 지 1년 남짓 된, 아무도 제대로 쓰지 않던 디지털 화폐였습니다. 1만 비트코인의 가치는 고작 25달러 정도였고, 현금으로 치르면 아무 의미 없는 거래였습니다. 하지만 그는 실험을 원했습니다. '비트코인이 실제 세상에서 쓰이는 돈이 될 수 있을까?'

며칠 뒤 영국에 살던 한 유저가 그의 제안을 받아들였습니다. 그 사람은 온라인으로 피자 가게에 주문을 넣었고, 배달원이 플로리다에 있는 핸예츠의 집 초인종을 눌렀습니다. 따끈따끈한 파파존스 피자 두 판이 도착하던 그 순간, 세계 최초의 비트코인 결제 실험이 이루어진 것입니다.

이 거래는 이후 전설이 됐습니다. 2025년 비트코인이 1개당 12만 달러까지 치솟았을 때, 당시 지불한 1만 비트코인의 가치는 원화로 조 단위를 넘었습니다. 두 판의 피자가 '세상에서 가장 비싼 피자'로 기록된 이유입니다.

블록체인의 원리와 비트코인의 설계

핸예츠가 원한 것은 단순히 피자가 아니라 비트코인의 핵심 원리를 실험하는 것이었습니다.

비트코인은 사토시 나카모토라는 익명의 인물이 2008년 10월 31일 글로벌 금융 위기의 혼돈 속에서 세상에 내놓은 9쪽짜리 논문에서 시작됐습니다. 앞서 '백서'라고 언급했던 것으로, 〈비트코인: P2P 전자화폐 시스템Bitcoin: A Peer-to-Peer Electronic Cash System〉이라는 제목의 논문입니다. 그 핵심은 '은행 같은 중개자 없이 개인끼리 직접 송금할 수 있는 전자화폐'라는 아이디어였습니다.

이를 실제로 가능케 한 기술이 블록체인입니다. 모든 거래는 '블록'이라는 장부에 기록되고, 일정 시간이 지나면 새로운 블록이 만들어져 이전 블록과 연결됩니다. 수많은 컴퓨터가 동시에 이 장부를 복제하고 서로 대조하기 때문에 누군가가 기록을 조작하기는 사실상 불가능합니다. 신뢰가 특정 기관이 아니라 구조 자체에서 나오는 것입니다.

비트코인의 발행량은 2,100만 개로 제한됐고, 블록은 평균 10분마다 생성되도록 설계됐습니다. 4년마다 채굴 보상이 절반으로 줄어드는데 이를 '반감기half-life'라고 합니다. 이런 메커니즘은 디지털 세계에서 '희소성'을 구현했고, 많은 사람이 비트코인을 금과 같은 '디지털 골드'로 바라보게 됐습니다.

스테이블코인, 이미 시작된 돈의 미래

사토시 나카모토의 미스터리

하지만 이 혁명적 아이디어를 세상에 던진 사토시 나카모토라는 인물은 여전히 베일에 싸여 있습니다. 논문은 일본인 이름으로 발표됐지만 실제로 일본인인지, 개인인지 또는 연구자 그룹인지 아무도 모릅니다. 그가 남긴 글은 유창한 영어였고, 개발 활동은 주로 북미와 유럽 시간대에 맞춰 이뤄졌습니다.

2010년 이후 그는 온라인 커뮤니티에서 자취를 감췄고, 마지막 메시지를 남긴 뒤로는 완전히 사라졌습니다. 지금도 사토시가 보유한 초창기 비트코인 지갑은 움직이지 않은 채 잠들어 있습니다. 만약 그가 자신의 코인을 움직인다면, 시장 전체가 요동칠 수 있을 정도입니다. 이 미스터리는 비트코인을 신비로운 상징으로 만들었고, 동시에 중앙이 없는 화폐라는 아이러니한 권위를 더했습니다.

변동성 그리고 화폐로서의 한계

피자 거래는 비트코인의 가능성을 보여준 동시에 한계도

드러냈습니다. 가치가 폭등하면서 피자의 가격은 전설이 됐지만, 이는 곧 변동성이 극심하다는 의미였습니다. 2017년 비트코인은 1,000달러에서 2만 달러까지 치솟았다가 1년 만에 80퍼센트 가까이 추락했습니다. 더 최근의 추이를 보면 2021년 6만 9,000달러였던 가격이 2022년 1만 6,000달러까지 하락하기도 했습니다. 단기간에 가치가 절반으로 줄어들 수 있는 화폐라면, 일상에서 가격표를 붙이고 거래하기는 사실상 불가능합니다. 피자 가게 사장은 매일, 아니 매시간 메뉴판을 고쳐 써야 할지 모릅니다. 화폐의 세 가지 기능(교환의 매개, 가치 저장, 가치 척도) 중 특히 교환과 척도의 기능이 비트코인에서는 제대로 작동하지 않았습니다.

이런 변동성과 더불어, 한국 사회에서는 종종 비트코인이 '카지노'처럼 여겨지기도 합니다. 실제 국내 암호화폐 cryptocurrency 투자자 중 상당수가 시세차익을 목적으로 매수하고 있다는 얘기도 떠돕니다. 2023년 기준 한국인의 전체 암호자산 비중에서 비트코인이 9퍼센트이고 비트코인의 대안적 코인으로 일컬어지는 알트코인altcoin의 비중이 91퍼센트입니다. 미국 투자자의 비트코인 비중 42퍼센트, 알트코인 비중 58퍼센트와 비교하면 위험 성향이 높은 편

스테이블코인, 이미 시작된 돈의 미래

이라고 할 수 있습니다. 2024년 해시드오픈리서치Hashed Open Research에서 발표한 보고서에 따르면, 단기 투기 목적의 거래는 감소하는 추세지만 여전히 상당한 비중을 차지합니다.

이처럼 비트코인은 화폐라기보다 시세차익을 노리는 투자 또는 도박성 있는 거래의 대상으로 인식되기도 합니다. 이는 신뢰에 기반한 것이 아니라 주로 시장의 감정에 따라 가치가 변동하는 자산이라는 인상을 강화하며, 생활에서 쓰기에는 적합하지 않다는 인식을 낳았습니다.

느린 속도와 막대한 환경 비용

비트코인은 보안과 탈중앙성을 우선시한 결과, 거래 처리 속도가 초당 5~7건에 불과했습니다. 비자카드가 초당 수만 건을 처리하는 것과 비교하면 턱없이 부족합니다. 거래가 몰리면 수수료가 폭등했고, 커피 한 잔을 결제하는 데 30분이 걸리는 상황도 흔했습니다.

또 다른 문제는 환경이었습니다. 비트코인은 PoW 방식을 통해 네트워크를 보호합니다. 비트코인이 안전하게 굴러가

기 위해 여러 컴퓨터가 계속 문제를 푸는데, 이 과정에서 막대한 전력이 필요한 것입니다. 여러 연구에 따르면, 한 해에 소비하는 전력이 중형 국가 전체의 전력 사용량과 비슷하다는 결과가 나왔습니다. 친환경 에너지를 쓴다고 하더라도 '결제하는 데 굳이 이 정도의 에너지를 써야 하는가?'라는 질문은 남습니다.

규제와 신뢰의 벽

2013년 미국 정부가 온라인 불법 시장 실크로드Silk Road를 단속하면서 비트코인은 범죄와 연결됐다는 이미지에 휘말렸습니다. 중국은 2017년 ICOinitial coin offering(가상통화공개)를 전면 금지했고, 2021년에는 채굴을 금지했습니다. 미국에서는 제도권 편입 논의가 이어졌지만, '비트코인은 지불 수단인가, 위험자산인가'라는 논쟁은 여전히 결론이 나지 않았습니다. 엘살바도르가 2021년 비트코인을 법정통화로 채택했지만, 실제 현지 상점에서 사용하는 비율은 정부기대에 한참 못 미쳤습니다. 제도화의 상징과 현실적 채택 사이에는 여전히 간극이 있습니다.

비트코인이 남긴 유산

그럼에도 비트코인이 남긴 유산은 작지 않습니다. 중앙 없는 네트워크가 실제로 작동할 수 있다는 증거, 디지털 희소성을 구현한 전례, 누구나 열람할 수 있는 공공원장 개념은 지난 10여 년간 수억 명의 인식을 바꿨습니다.

수많은 개발자가 이 생태계에 뛰어들었습니다. 그러나 변동성, 확장성, 규제 적합성이라는 세 축에서 동시에 합격점을 얻기는 쉽지 않았습니다. 결국 경제학 교과서가 말하는 화폐의 기능 중 '가치 저장'은 일부 수행했지만, '교환의 매개'와 '가치 척도'에서는 기대를 충족시키지 못했습니다.

● ● ●

피자 두 판의 거래는 화폐의 미래를 향한 거대한 실험이었습니다. 비트코인은 가능성과 한계를 동시에 보여주었고, 그 빈자리는 시장의 새로운 시도를 불러왔습니다.

'블록체인의 장점을 살리면서도 안정성을 확보하는 방법은 무엇인가?'

바로 이 질문이 스테이블코인을 탄생시킨 토양이었습니다.

Deep Dive	화폐의 세 가지 속성

경제학에서 화폐는 일반적으로 세 가지 속성을 가집니다.

화폐의 속성

가치의 저장 store of value	교환의 매개 medium of exchange	가치의 척도 unit of account

- **가치의 저장**: 시간이 지나도 가치가 유지되어 현재의 구매력을 미래로 이전할 수 있어야 합니다.
- **교환의 매개**: 재화나 서비스를 사고팔 때 누구나 받아들이는 교환 수단이어야 합니다.
- **가치의 척도**: 재화나 서비스의 가치를 공통된 단위로 표시할 수 있어야 합니다.

이 세 가지 속성은 화폐의 신뢰와 사용 범위를 결정짓는 핵심 기

스테이블코인, 이미 시작된 돈의 미래

준입니다. 비트코인의 첫 번째 실사용 사례로 꼽히는 '피자 거래 사건'은 이 속성들이 디지털 자산에 어떻게 적용되는지를 보여주는 흥미로운 예입니다. 이 거래는 비트코인이 '교환의 매개'로 처음 기능한 사례로 기록됐습니다. 즉, 비트코인이 디지털 토큰을 넘어 실제 재화의 대가로 사용된 순간이었습니다.

하지만 동시에 이 사례는 '가치의 저장'이라는 측면에서 한계도 드러냈습니다. 이후 비트코인 가격이 급등하면서 당시 피자 두 판의 가치는 오늘날 수조 원에 해당하게 됐기 때문입니다. 이는 비트코인의 극심한 변동성이 '가치 저장 수단'으로서의 안정성을 훼손할 수 있음을 보여줍니다.

마지막으로, '가치의 척도'라는 면에서는 아직 일상적으로 가격을 BTC(비트코인의 표기 단위)로 표시하는 문화가 정착되지 않았습니다. 비트코인의 가격이 여전히 달러나 원화 같은 기존 화폐를 기준으로 환산되어 이해되죠.

결국 비트코인 피자 거래는 디지털 화폐가 교환 수단으로서 첫발을 내디딘 순간이자, 화폐로 기능하기 위해 해결해야 할 불안정성의 문제를 드러낸 사건으로 남았습니다.

03

스테이블코인은
가치를 보증받는 디지털 토큰

필리핀 간호사의 송금 이야기

미국 남부의 한 병원. 야간 근무를 마친 필리핀 출신 간호사 마리아는 스마트폰을 열었습니다. 그녀는 매달 한 번, 고향 세부섬에 사는 어머니에게 생활비를 보냅니다. 예전 같으면 송금 창구로 가서 줄을 서야 했습니다. 은행 직원이 계산해주는 수수료와 환율 스프레드를 합치면 10퍼센트 가까

스테이블코인, 이미 시작된 돈의 미래

운 돈이 빠져나갔습니다. 게다가 어머니가 돈을 받기까지 3~5일이 걸렸습니다.

이제는 상황이 달라졌습니다. 마리아는 병원 휴게실에서 커피를 마시며 스마트폰 지갑 앱을 열고, 달러에 연동된 스테이블코인을 어머니에게 보냅니다. 수수료는 1달러 남짓에 불과하고, 몇 분 만에 송금이 마무리됩니다. 세부섬에 사는 어머니는 현지 거래소 앱을 통해 그 토큰을 필리핀 페소 PHP로 환전합니다. 그러고 나면 곧바로 시장에 가서 쌀과 생필품을 살 수 있습니다.

이 짧은 장면에 스테이블코인의 본질이 담겨 있습니다. 달러의 신뢰와 블록체인의 속도가 만날 때, 돈의 이동 방식은 완전히 달라집니다.

기존 금융망을 압도하는 효율성

스테이블코인은 단순히 기술적 혁신이 아니라 돈이 이동하는 인프라 자체를 바꾸는 실험입니다. 기존 은행망이나 송금 업체를 통한 국제 송금과 비교했을 때 다음과 같은 장점과 한계를 동시에 가집니다.

장점

▪ **비용 절감과 효율성 향상**: 송금은행, 중개은행 등 여러 단계를 거치던 기존 송금망과 달리 블록체인 네트워크를 직접 활용함으로써 수수료와 처리 절차를 대폭 줄일 수 있습니다. 예를 들어 마리아가 지불한 약 1달러의 송금 수수료는 전통 송금 대비 80~90퍼센트 절감된 수준입니다.

▪ **속도와 접근성**: 전통 송금은 주말·공휴일이나 은행 마감 시간의 제약을 받지만, 스테이블코인은 24시간 365일 실시간 송금이 가능합니다. 송금 단계마다 신원 인증을 하는 전통 송금 방식 대비 돈을 수령하는 데까지 걸리는 시간도 획기적으로 단축됩니다. 스마트폰과 인터넷만 있으면 은행 계좌가 없어도 송금·수취가 가능하다는 점은 금융 포용성 측면에서 혁신적입니다.

▪ **투명성과 신뢰**: 모든 거래 기록이 블록체인에 공개되고 검증되므로, 송금 흐름을 추적할 수 있고 감사audit나 거래 대조reconciliation에 유리합니다. 기업 입장에서는 회계 투명성과 내부통제 강화에도 도움이 됩니다.

▪ **환율 변동 리스크 완화**: 스테이블코인이 달러에 고정

돼 있기 때문에 수취 시점의 환율 급변으로 인한 손실 위험을 줄일 수 있습니다.

한계

- **발행사 리스크**: 스테이블코인의 가치는 발행사가 보유한 준비금으로 담보됩니다. 이 준비금이 실제로 충분하고 투명하게 관리되지 않으면, 달러에 1:1로 연동된 가치 고정 구조peg(페그)가 무너질 수 있습니다.
- **규제 불확실성**: 국가마다 송금, 외환foreign exchange: FX, 자금세탁 방지anti-money laundering: AML에 대한 규제가 다릅니다. 일부 국가는 스테이블코인 송금을 불법 외환 거래로 간주하기도 합니다.
- **온·오프램프on·offramp 인프라 제약**: 스테이블코인을 법정화폐로 교환할 수 있는 거래소나 결제망과 같이 법정화폐와 암호화폐 사이를 오가는(온·오프램프) 교환 인프라가 부족한 국가에서는 실질적 사용성이 제한됩니다.
- **시스템 리스크**: 특정 알고리즘형 스테이블코인algorithmic stablecoin의 붕괴 사례(예: 테라·루나Terra-LUNA)는 시장

전통 금융 송금 vs. 스테이블코인 송금

구분	전통 송금	스테이블코인 송금
중개 기관	은행·송금 업체 다수	블록체인 네트워크에서 직접 처리
처리 속도	3~5일	몇 분 이내
수수료	총액의 5~10%	총액의 0.1~1%
운영 시간	은행 영업시간 한정	24시간 365일
접근성	은행 계좌 필요	스마트폰만 있으면 가능
리스크	제도 안정성 높음	발행사 리스크, 규제 불확실성 존재

전반의 신뢰를 흔들었고, '디지털 달러'의 안정성에 대한 경각심을 불러일으켰습니다.

스테이블코인의 정의와 유형

스테이블코인은 말 그대로 가치가 안정적으로 유지되도록 설계된 디지털 토큰입니다. 기존 암호화폐의 가장 큰 약점이었던 변동성을 제거해 일상적인 결제와 송금에 활용할 수 있게 한 디지털 달러라고 할 수 있습니다.

스테이블코인은 담보와 운영 방식에 따라 크게 세 가지 유형으로 나눌 수 있습니다.

스테이블코인의 유형

법정화폐 담보형	가상자산 담보형	알고리즘형

법정화폐 담보형

가장 일반적이고 시장 점유율이 높은 형태입니다. 테더 Tether의 USDT와 서클Circle의 USDC가 대표적입니다.

- **장점**: 단순하고 안정적이며, 준비금이 실제 달러로 보관되므로 신뢰도가 높습니다.
- **단점**: 은행 계좌, 규제 환경, 발행사의 투명성에 크게 의존합니다.

가상자산 담보형

이더리움 같은 다른 가상화폐를 담보로 예치하고, 그 가치만큼 스테이블코인을 발행하는 구조입니다. 메이커다오 MakerDAO에서 발행하는 다이DAI가 대표적입니다.

- **장점**: 탈중앙화 수준이 높고, 은행 의존도가 낮습니다.
- **단점**: 담보 자산의 변동성이 크기 때문에 안정성을 유

지하기 위해 초과 담보(예: 150퍼센트 담보)가 필요합니다. 시장 충격에 취약합니다.

알고리즘형

담보를 두지 않고, 수요와 공급을 자동으로 조절하는 알고리즘으로 1달러 가치를 유지하려는 방식입니다. 2022년 붕괴한 테라·루나가 대표적 사례입니다. 발행과 소각을 통해 토큰 간 균형을 맞추려 했지만, 대규모 매도 압력을 방어하지 못했습니다.

- **장점**: 이론적으로는 효율적이고, 자산을 묶어두지 않아 자본 효율성이 높습니다.
- **단점**: 실제 위기 상황에서는 안정성이 무너질 수 있고, 지금은 시장 신뢰를 상실했습니다.

두 강자가 주도하는 다중 체인

테더의 USDT와 서클의 USDC가 전체 스테이블코인 시가총액의 80~90퍼센트를 차지합니다. 테더는 초기 가상자산 거래소에서 기축통화 역할을 하며 몸집을 키웠고, 서클

스테이블코인, 이미 시작된 돈의 미래

은 규제 친화적 태도와 투명한 공시를 통해 금융기관과의 연결고리를 넓혔습니다.

네트워크 관점에서 보면 스테이블코인은 여러 체인으로 이루어진 생태계를 넘나듭니다. 이더리움은 강력한 보안과 풍부한 디파이decentralized finance: DeFi(탈중앙화 금융) 인프라를 통해 대규모 결제와 금융 애플리케이션의 중심지 역할을 합니다. 솔라나Solana는 낮은 수수료와 빠른 처리 속도로 소액결제와 소비자 애플리케이션의 테스트베드가 됐으며, 트론TRON은 아시아와 신흥국 간 송금에서 활용 비중이 큽니다.

체인이 달라도 '1USDC는 어디서나 1달러'라는 사용자 경험이 유지되도록, 발행사들은 블록체인 간 자산 이동을 가능하게 하는 브리지bridge와 서로 다른 블록체인 네트워크를 연결하는 크로스체인 프로토콜cross-chain protocol을 통해 네트워크 간 이동성을 확보하는 데 공을 들입니다.

가상자산에서 실물 경제로

스테이블코인의 첫 번째 수요처는 디지털 자산 내부 시장이었습니다. 변동성이 큰 코인들 사이에서 거래 단위를 안정적으로 유지하려면 '디지털 달러'가 필요했기 때문입니다.

2020년 이후 총량이 몇십억 달러에서 수천억 달러대로 확장된 배경에는 탈중앙화 금융 서비스 붐으로 불린 '디파이 여름'이라는 유동성 실험이 있습니다. 여기에 비트코인 등 실제 암호자산을 기초로 한 상장지수펀드ETF 같은 제도권 금융의 자금 유입이 더해졌죠. 그러나 이야기는 여기서 끝나지 않습니다.

- 온라인 상점에서 결제 수단으로 채택
- 글로벌 플랫폼의 정산 화폐로 활용
- 원격 근로자의 급여 지급 수단으로 확대

미국의 여러 테크 기업이 해외 프리랜서에게 달러 스테이블코인으로 급여를 송금하고, 수취인은 현지에서 즉시 자국 통화나 선불카드로 바꿔 씁니다. 회사는 24시간 실시간 송금과 자동 정산의 편리함을 얻고, 근로자는 대기 시간과 수수료의 고통에서 벗어납니다.

스테이블코인, 이미 시작된 돈의 미래

기업 재무를 자동화하는 머니

기업 재무 차원에서도 변화가 시작됐습니다. 다국적 기업은 각국 계열사에 지불할 자금을 미리 예치해두는 관행 때문에 전 세계적으로 수조 달러 규모의 유동성이 비효율적으로 묶여 있습니다. 결제 업무가 주말과 공휴일에는 멈추는 기존 인프라에서는 불가피한 비용이었습니다.

스테이블코인은 24시간 365일 움직입니다. 특정 조건이 충족되면 자동으로 대금을 이체하거나, 자금이 부족하면 자동으로 지갑을 충전하도록 프로그래밍할 수 있습니다. 물론 온·오프램프 비용과 회계·세무 처리, 내부통제 정비라는 숙제도 함께 따라오지만, '프로그래머블 머니programmable money'라는 새로운 운영체계가 주는 효율성이 점점 더 부각되고 있습니다.

기회와 리스크

스테이블코인은 글로벌 금융 효율성을 높이는 동시에 새로운 지정학적 함의를 갖습니다. 발행사들이 보유하는 준비금 대부분은 미국 국채와 현금성 자산이므로, 스테이블코인은 달러 패권을 강화하는 도구로 작용합니다. 스마트폰 하나로 달러 접근성이 개선된다는 점은 신흥국 기업과 국민의 구매력이 안정되고 금융 접근성이 높아진다는 의미를 갖습니다.

하지만 리스크도 남습니다. 뒤에서 자세히 다루겠지만, 2023년 일부 은행 파산 때 유명 스테이블코인이 0.9달러 이하로까지 하락한 사례가 있습니다. 알고리즘형의 붕괴는 시장 신뢰를 크게 흔들었습니다. 결국 신뢰를 담보하는 힘은 발행사의 준비금 관리, 투명한 공시, 규제 준수에 달려 있습니다.

• • •

스테이블코인은 법정화폐의 신뢰를 블록체인에 얹어 속도와 개방성을 얻은 디지털 달러입니다. 달러 제국의 새로운 방패라는 비판과 금융 혁신의 핵심이라는 기대가 교차합니다. 결국 누가 더 신뢰를 쌓고, 규제와 기술의 교차점을 잘 찾아내느냐가 승부를 가름할 것입니다.

04

누가 미래의 돈을
발행하게 될까?

스테이블코인은 민간 기업이 발행하는 디지털 달러입니다. 하지만 이것이 유일한 디지털 화폐의 형태는 아닙니다. 각국 중앙은행이 추진 중인 중앙은행 디지털 화폐central bank digital currency: CBDC와 은행권이 실험하는 예금 토큰deposit token도 같은 무대에 등장했습니다. 언뜻 보면 모두 '디지털 돈'처럼 여겨지지만, 그 뿌리와 작동 방식은 크게 다릅니다.

중앙은행이 직접 보증하는 CBDC

CBDC는 말 그대로 중앙은행이 직접 발행하는 전자적 형태의 법정화폐입니다. 지폐나 동전과 마찬가지로 국가가 보증하며, 1:1 교환이 보장됩니다.

중국은 이미 2020년부터 디지털 위안화digital yuan, e-CNY 시험을 시작했고, 2억 명 이상이 파일럿에 참여했습니다. 유럽중앙은행ECB은 디지털 유로digital euro 도입을 준비 중이며, 나이지리아와 바하마 같은 국가들은 이미 소규모 CBDC를 도입했습니다.

한국은행도 2020년부터 CBDC 연구를 시작해 2025년에 일부 파일럿을 시행했습니다. '프로젝트 한강Project Hangang'이라는 이름으로 진행된 이 파일럿은 국민이 직접 참여할 수 있는 국내 최초의 대규모 실험으로, KB국민·신한·하나·우리·농협·기업·부산 등 일곱 개 주요 은행이 참여했습니다. 총 10만 명 모집을 목표로 했고, 실제로 8만 개 이상의 지갑이 개설됐습니다. 참여자들은 각 은행 앱을 통해 디지털 지갑을 만들고, 은행 예금을 예금 토큰 형태로 전환해 사용할 수 있었습니다.

결제는 QR코드 방식으로 이뤄졌습니다. 세븐일레븐 편의점, 교보문고, 현대홈쇼핑, 일부 배달 앱에서 실제로 사용됐습니다. 중앙은행이 발행한 디지털 돈을 실제 상점에서 써본 첫 경험이었습니다.

성과도 있었지만 한계도 분명했습니다. 참여자 유인책이 부족했고, '스마트 계약 기반 디지털 바우처' 같은 기능은 거의 활용되지 않았습니다. 350억 원을 투입한 대규모 프로젝트였음에도, 2차 실험은 예산과 효율성 문제로 잠정 보류됐습니다. 하지만 이 시도는 CBDC가 현실의 결제 환경에서 어떤 의미를 가지는지를 가늠하게 해준 중요한 실험이었습니다.

CBDC의 특징은 안정성입니다. 발행 주체가 중앙은행이므로 부도 위험이 없습니다. 그러나 동시에 모든 사용 기록을 정부 당국이 볼 수 있어서 '감시받는 게 아닌가?'라는 프라이버시 논란이 큽니다. 모든 거래가 중앙은행 시스템에 기록된다면, 개인의 금융 활동이 완전히 추적될 수 있기 때문입니다. 프로젝트 한강에서도 '사용 편의성과 개인 정보 보호를 어떻게 조화시킬 것인가'가 중요한 과제로 제기됐습니다.

은행 예금을 그대로 옮긴 예금 토큰

예금 토큰은 상업은행이 보유한 고객 예금을 블록체인 위에서 토큰화한 형태입니다. 은행 계좌에 있는 돈을 그대로 디지털 토큰으로 전환하는 방식입니다.

스위스, 싱가포르, 일본 등 주요 금융 허브에서는 대형 은행 컨소시엄이 예금 토큰을 실험하고 있습니다. 대표적으로 싱가포르의 프로젝트 가디언Project Guardian에서는 JP모건, DBS, 스탠다드차타드Standard Chartered 은행이 참여해 예금 토큰을 기반으로 국가 간 결제 테스트를 진행했습니다.

예금 토큰은 발행 주체가 은행이기 때문에 은행이 파산하면 예금 보호 범위가 어느 정도냐에 따라 위험에 노출될 가능성이 있습니다. 또한 거래의 최종 결제는 중앙은행 계좌를 거쳐야 이루어집니다. 즉, 블록체인 위에 올린 것일 뿐 기본 구조는 기존 은행 시스템과 크게 다르지 않습니다.

세 가지 디지털 돈, 어떻게 신뢰를 만드는가

스테이블코인은 민간 기업이 달러나 그 밖의 자산을 준비금으로 보유하고 발행합니다. 테더나 서클 같은 발행사가 대표적입니다. 담보 자산이 안전하게 관리된다면 안정성을 확보할 수 있지만, 발행사가 파산하거나 준비금 운용이 불투명하다면 신뢰가 흔들릴 수 있습니다.

CBDC와 비교하면, 스테이블코인은 국가가 아니라 기업이 보증한다는 점에서 근본적으로 다른 성격을 지닙니다. 예금 토큰과 비교하면, 스테이블코인은 글로벌 네트워크를 통해 누구나 사용할 수 있다는 점에서 개방성이 훨씬 큽니다.

이 세 가지 형태의 디지털 화폐는 앞으로 국제 금융 질서를 재편할 핵심 변수입니다.

- 만약 CBDC가 본격적으로 확산된다면, 국가가 직접 지급결제를 장악할 수 있습니다. 이는 금융 안정성에는 도움이 되지만, 민간 금융 혁신이 위축될 수 있습니다.
- 예금 토큰은 은행 중심의 기존 질서를 유지하면서 점진적인 디지털화를 추구합니다. 그러나 국경을 넘어서는 확장성에는 한계가 있습니다.
- 스테이블코인은 국가 경계를 넘어 빠르게 퍼질 수 있지만, 통화 주권을 위협할 수 있고 규제의 충돌을 피하

CBDC vs. 예금 토큰 vs. 스테이블코인

구분	중앙은행 디지털 화폐(CBDC)	예금 토큰 (deposit token)	스테이블코인 (stablecoin)
발행 주체	중앙은행	상업은행	민간 기업
가치 보증 주체	국가	은행	기업의 준비금
기반 시스템	중앙은행 전산망	은행 시스템 + 블록체인	퍼블릭 블록체인
대표 사례	디지털 위안화, 디지털 유로, '프로젝트 한강'	싱가포르의 '프로젝트 가디언'	USDT(테더), USDC(서클)
신뢰 기반	정부의 신용	은행의 신용	시장의 신뢰
사용 범위	국가 단위	금융기관 중심	전 세계 누구나
강점	가장 안전하고 안정적임	기존 금융과 호환 쉬움	개방적이고 혁신적임
약점	감시·통제 우려	은행 리스크 존재	준비금 불투명, 규제 불확실
포지셔닝	'국가가 보증하는 디지털 현금'	'은행 예금의 토큰화'	'민간이 만든 디지털 달러'

기 어렵습니다.

2023년 국제결제은행Bank for International Settlements: BIS의 조사에 따르면, 전 세계 중앙은행의 93퍼센트가 CBDC를 연구 중이며 그중 절반 이상이 파일럿 단계에 들어섰습니다. 동시에 글로벌 스테이블코인 시가총액은 2,000억 달러를 넘어섰습니다. 서로 다른 세 가지 길이 동시에 열리며, 앞으로 화폐 체계가 다극적으로 전개될 것임을 시사합니다.

• • •

CBDC, 예금 토큰, 스테이블코인은 모두 디지털 시대의 화폐 실험입니다. 하지만 주체와 신뢰의 기반이 다릅니다. CBDC는 국가가 보증하는 가장 안정적인 화폐이고, 예금 토큰은 은행의 기존 역할을 디지털화한 도구이며, 스테이블코인은 민간 기업이 주도하는 개방형 화폐입니다.

세 가지 모두가 공존할 수도 있고, 어느 하나가 다른 둘을 압도할 수도 있습니다. 분명한 것은 이제 화폐를 둘러싼 경쟁이 금융 시장의 영역을 넘어 국가 전략과 개인의 일상에까지 영향을 미치기 시작했다는 사실입니다.

| Deep Dive | 미국은 왜 CBDC를 금지하는가 |

CBDC는 중앙은행 디지털 화폐입니다. 이 개념은 국가가 직접 발행하는 디지털 화폐, 즉 '디지털 법정통화'를 의미합니다. 비트코인과 달리 중앙이 존재하며, 스테이블코인과 달리 민간의 신용을 필요로 하지 않습니다. 그러나 세계에서 가장 강력한 통화를 보유한 미국은 이 실험 앞에서 가장 느리게 움직이고 있습니다. 그 이유를 크게 네 가지로 짚어볼 수 있습니다.

첫째, 달러는 이미 디지털화되어 있기 때문입니다. 국제 결제와 자본 시장에서 달러는 이미 전자 신호로 움직이고 있습니다. CBDC가 추가로 가져올 효용은 제한적이며, 오히려 기존 시스템의 균형을 흔들 위험이 큽니다.

둘째, 은행의 역할이 약화될 수 있다는 정책적 우려 때문입니다. CBDC를 개인이 직접 보유할 수 있는 구조가 될 경우, 위기 상황에서 예금이 중앙은행으로 급격히 이동하면서 시중은행의 예금 기반과 금융중개 기능에 부담을 줄 가능성이 있다는 지적이 제기되어 왔습니다. 미국 정책 문맥에서는 이러한 가능성을 '탈중개 disintermediation' 리스크로 표현하며, 금융 안정성에 미칠 잠재적 영향을 신중하게 평가해야 할 사안으로 인식해 왔습니다.

셋째, 자유와 프라이버시의 문제입니다. CBDC는 모든 거래를 기록하는 구조로 돼 있습니다. 이는 정부가 개인의 지출 패턴을 실시간으로 추적할 수 있음을 의미합니다. 공화당 정치인들은 이를 '감시 화폐'라며 비판했고, 플로리다주는 연방 CBDC 사용을 금지하는 주법을 통과시켰습니다. 미국인에게 화폐는 결제 수단에 그치지 않고 자유의 상징이기 때문입니다.

마지막으로, 시장 스스로가 이미 답을 내고 있기 때문입니다. 서클의 USDC와 페이팔의 PYUSD 같은 스테이블코인이 이미 디지털 달러의 역할을 수행하고 있습니다. 따라서 미국 정부가 직접 나설 필요성은 줄어들고 있습니다.

신뢰의 주체를 묻는 실험

CBDC 논쟁의 본질은 기술이 아니라 철학의 문제입니다. 비트코인은 '코드를 신뢰하라'고 말하고, 스테이블코인은 '기업의 담보를 신뢰하라'고 말하며, CBDC는 '국가를 신뢰하라'고 말합니다.

미국은 이 세 번째 명제 앞에서 멈춰 섰습니다. 신뢰를 다시 중앙으로 되돌리는 순간, 자유 시장의 자생적 신뢰 구조가 흔들릴 수 있기 때문입니다. 모든 것을 통제할 수 있는 화폐는, 결국 아무것도 믿지 못하게 합니다.

05 달러에 대한 믿음이
디지털로 옮겨붙다

2008년 겨울 리먼브라더스Lehman Brothers가 무너진 날, 뉴욕의 한 투자자는 주식을 팔고 달러 지폐를 움켜쥐었습니다. 손에 쥔 그 종이가 세상에서 가장 안전하다고 믿었기 때문입니다.

달러를 쥐면 마음이 놓인다

달러의 위상은 미국의 경제력만으로 설명되지 않습니다. 심리학에서 돈은 교환 수단을 넘어 불안을 달래는 심리적 약속입니다. 사람들은 화폐를 통해 미래의 불확실성을 제어한다고 믿으며 달러를 불안을 달래는 심리적 약속으로 받아들였습니다. 불확실한 상황에서 누구나 알고 쓸 수 있는 기준점이 있다는 사실, 바로 그 단순한 신뢰가 전 세계를 달러로 묶었습니다. 위기 때마다 투자자들이 달러와 미국 국채를 찾는 이유도, 계산보다는 심리적 안전감 때문이었습니다. 달러를 가지면 마음이 놓인다는 경험이 누적되어 달러는 심리적 닻anchor이 됐습니다.

복잡한 세상 속 단순한 믿음

심리학적으로 보자면 이는 '인지적 단순화'의 결과입니다. 사람들에게는 어려운 것을 단순하게 생각하려는 습관이 있는 거죠. 복잡한 경제와 불안정한 금융 상황에서 사람들은 하나의 단순한 규칙을 따릅니다. 예를 들어 주식이 폭

스테이블코인, 이미 시작된 돈의 미래

락하고 뉴스마다 '위기'라는 단어가 따라붙는 날이면 사람들은 숫자 대신 감정으로 움직입니다.

'이럴 때는 달러로 바꿔둬야지.'

이 결정에는 경제학보다 심리학이 더 크게 작용합니다. 달러를 쥔 순간, 당장의 손실 위험보다 '그래도 나만은 안전할 거야'라는 심리적 안정감이 마음을 지배하기 때문입니다. 이처럼 인지적 단순화는 복잡한 경제 현실을 단순화해 자신이 불안을 통제하고 있다고 느끼게 합니다. 그 믿음이 바로 달러 신뢰의 첫 번째 토대입니다. '달러를 가지면 안전하다.'

모두가 믿으니 나도 믿는다

달러를 선호하는 또 다른 심리학적 이유는 사회적 증거 social proof에 있습니다. 인간은 본능적으로 주변의 행동을 따라 합니다. 다른 이들이 달러를 신뢰하는 모습을 보면, 그 믿음이 사실인지 따지기보다 '나도 그래야겠다'는 생각이 먼저 듭니다.

가게 주인은 옆 가게 주인이 달러로 환전하는 모습을 보고 따라 하고, 투자자는 월가의 펀드매니저들이 달러를 사들이는 장면을 보며 안도합니다. 이런 '따라 하는 신뢰'는 눈에 보이지 않지만 시장에서 가장 강력한 흐름으로 작용합니다.

화폐의 신뢰는 본질적으로 사회적 합의입니다. '이 종이가 가치를 가진다'는 믿음을 정부가 아니라 사람들의 집단적 동의가 만들어냅니다. 그런 의미에서 달러는 이미 전 지구적 차원의 사회적 증거를 쌓아 올린 셈입니다. 아르헨티나의 상인, 한국의 직장인, 나이지리아의 학생까지 서로 얼굴 한 번 본 적 없는 이들이 모두 달러를 신뢰한다는 사실 자체가 달러를 더욱 강하게 합니다. 신뢰가 사람들을 묶고, 사람들의 선택이 다시 신뢰를 강화하는 것입니다.

이런 심리적 요인은 투자자 행동에서도 뚜렷하게 드러납니다. 글로벌 금융 위기가 닥칠 때마다 세계의 자본은 같은 방향으로 움직입니다. 주식·채권·원자재를 팔고, 달러와 미국 국채를 사들이는 것입니다. 이 행동은 단순한 수익 계산의 결과가 아닙니다. 마치 불이 난 건물에서 모두가 비상구로 몰리는 것처럼, '모두가 피난처로 간다'는 심리적 확신이 만들어낸 집단적 본능입니다. 이때 투자자들은 '얼마를 벌

스테이블코인, 이미 시작된 돈의 미래

수 있을까'보다 '이 돈만은 잃지 말아야 한다'에 집중합니다. 달러는 그런 두려움의 순간에 가장 익숙한 피난처가 되어왔습니다.

한국도 예외는 아닙니다. 원화는 비교적 안정적인 화폐인데도 위기 때마다 사람들은 달러 예금과 달러 ETF로 몰립니다. 1997년 외환 위기, 2008년 금융 위기 그리고 코로나 팬데믹 때까지 여러 세대의 기억 속에 '달러만은 안전하다'는 믿음이 깊이 새겨졌습니다.

달러에서 디지털 달러로, 신뢰가 옮겨가다

그런데 이 심리적 신뢰가 지난 10년 사이 새로운 무대로 옮겨왔습니다. 바로 스테이블코인입니다. 사람들은 종이 지폐 대신 민간이 발행한 디지털 토큰에조차 '달러와 1:1로 교환된다'는 약속이 붙는 순간 신뢰를 실었습니다. 불안을 줄여주는 경험을 달러에서 했듯, 이제는 지갑 앱 속 스테이블코인에서도 같은 안정을 느낀 것입니다. 이 단순한 믿음이 수요를 폭발적으로 늘렸습니다.

2014년, 최초의 스테이블코인 테더가 등장했을 때 시가총액은 겨우 30만 달러였습니다. 하지만 2025년 이 시장은 2,300억 달러 이상으로 불어났습니다. 불과 10년 만에 70만 배 넘게 성장한 이 숫자는 기술만으로는 설명되지 않습니다. 신뢰가 심리를 움직였고, 심리가 다시 신뢰를 강화하며 시장을 키운 것입니다.

아르헨티나의 상인은 매일 바뀌는 가격표 대신 스테이블코인으로 대금을 받으면서 안도했습니다. 나이지리아의 학생은 은행 대신 스마트폰 지갑으로 학비를 모으면서 불안을 덜었습니다. 한국의 투자자도 원화 가치가 흔들릴 때마다 거래소에서 USDT를 사들이며 '디지털 달러 예금'을 쌓았습니다. 이런 개인적 경험들이 쌓여 집단적 신뢰로 전환됐고, 그것이 폭발적 성장을 이끌었습니다.

물론 신뢰는 언제나 양날의 검입니다. 준비금이 불투명하다는 의혹, 발행사가 위기에 빠진다는 뉴스가 퍼지는 순간 시장은 크게 흔들렸습니다. 2023년 USDC가 0.87달러까지 떨어졌을 때, 사람들은 공포에 빠졌습니다. 그러나 며칠 만에 가격은 회복됐고, 사람들은 다시 스테이블코인을 쓰기 시작했습니다. 한번 자리 잡은 '이 돈은 믿을 만하다'는 경험적 신뢰가 완전히 사라지지 않았기 때문입니다.

스테이블코인, 이미 시작된 돈의 미래

• • •

스테이블코인 시장의 폭발적 성장은 기술 혁신의 승리가 아니라 심리적 신뢰가 디지털 무대로 확장된 결과입니다. 달러에 대한 집단적 심리가 스테이블코인으로 옮겨붙으며 시장은 전례 없는 속도로 커졌습니다. 앞으로도 이 신뢰가 어디로 향하느냐에 따라, 스테이블코인은 더 단단히 세계 금융의 중심이 될 수도 있고 작은 균열로 무너질 수도 있습니다.

화폐의 본질은 신뢰다

조개껍데기와 거대한 돌에서 출발해, 금화와 은화를 거쳐, 금본위제와 달러 중심 체제에 이르기까지 돈의 긴 여정을 살펴봤습니다. 야프섬 사람들은 들어 옮길 수도 없는 수톤짜리 돌에 대해 '모두가 인정한다'는 합의만으로 화폐 지위를 부여했습니다. 신대륙에서 캐낸 은은 대항해 시대를 거쳐 중국까지 흘러가면서 세계 최초의 글로벌 통화처럼 작동했습니다. 돈은 형태를 달리해왔지만, 변하지 않은 핵심은 늘 신뢰였습니다.

리디아 왕국의 첫 번째 주화가 가치를 가질 수 있었던 것도, 로마의 은화가 제국의 힘을 상징할 수 있었던 것도, 20세기 달러가 전 세계의 기축통화로 자리 잡을 수 있었던 것도 모두 사람들이 그것을 믿었기 때문입니다. 돈은 언제나 기술의 산물인 동시에 사회적 합의의 결정체였습니다.

2009년 비트코인은 중앙의 권위를 거부하고 네트워크 자체에 신뢰를 맡기자는 혁명적 제안을 했습니다. 누구의 허락도 없이 거래를 승인하는 대신, 수많은 컴퓨터가 같은 장부를 나눠 갖고 합의하는 구조가 신뢰의 기반이 됐습니다. 세상에서 가장 유명한 피자 거래(핸예츠가 1만 비트코인으로 피자 두 판을 주문한 사건)는 이 실험의 상징이었습니다. 그러나 비트코인은 변동성, 속도, 에너지 소비, 규제라는 벽 앞에서 화폐의 기능을 완전히 수행하지는 못했습니다. '중앙 없는 화폐'라는 아이디어는 찬란했지만, 안정적 교환 수단으로는 미흡했습니다.

이 한계를 메우기 위해 등장한 것이 스테이블코인입니다. 법정화폐, 특히 달러에 연동해 안정성을 확보하면서도 블록체인의 속도와 개방성을 품었습니다. 10년 남짓한 짧은 기간에 몇십만 달러 수준이던 발행량이 수천억 달러로 성장했습니다. 송금·결제·재무 관리 등 실물 경제 영역으로까지 발을 넓히고 있으며, 달러 패권과 연결된 지정학적 의미도 커지고 있습니다.

하지만 스테이블코인이 유일한 길은 아닙니다. 각국 중앙은행은 CBDC를 준비하며 디지털 시대의 주도권을 지키려 하고, 은행들은 예금 토큰을 실험하며 기존 질서 안에서 점진적 혁신을 추구하고 있습니다. 한국은행의 '프로젝트 한강'이 대표적 사례입니다. 일곱 개 주요 은행이 참여해 수만 명의 국민이 실제로 디지털 지갑을 개설하고, 편의점과 온라인 상점에서 QR코드로 CBDC를 결제해본 이 실험은 국가가 직접 설계한 신뢰 구조가 어떤 가능성과 한계를 가지는지 보여주었습니다.

이 모든 흐름을 관통하는 메시지는 분명합니다. 돈은 기술이 아니라 신뢰의 구조라는 점입니다. 야프섬의 돌, 로마의 은화, 달러, 비트코인 그리고 스테이블코인과 CBDC까지 언제나 핵심은 '누가 그 신뢰를 설계하고, 어떻게 유지하느냐'였습니다. 앞으로의 시대에서도 어떤 형태의 화폐가 존재하느냐보다 누가 신뢰를 설계하고, 누가 그것을 선택하느냐의 경쟁이 될 것입니다.

2장에서는 앞에서 살펴본 '신뢰를 설계할 권력을 누가 갖느냐'라는 관점에서 경쟁하는 글로벌 기업과 각국 정부의 전략을 살펴봅니다. 역사가 남긴 교훈을 바탕으로 현재의 무대와 미래의 가능성을 바라볼 차례입니다.

"디지털 통화로의 전환에는 중간 단계가 필요하며,
스테이블코인은 그 교차점이다."

_댄 슐 만 Dan Schulman(페이팔 전 CEO)

2장

이미 시작된 스테이블코인의
조용한 점령

06 인플레이션 공포가 만든 생존의 디지털 지갑

화폐가 하루아침에 종이 조각이 된 나라들

부에노스아이레스의 슈퍼마켓. 진열대에는 가격표가 종이가 아니라 화이트보드에 적혀 있습니다. 식원이 하루에도 몇 번씩 지우고 다시 써야 하기 때문입니다. 아르헨티나의 연간 인플레이션율은 200퍼센트를 넘어섰습니다. 아침에 받은 월급의 가치가 저녁 무렵이면 절반으로 줄어듭니다. 시민들이 가장 먼저 하는 일은 페소로 월급을 받자마자 휴대전화 지갑을 켜서 USDT나 USDC를 사는 것입니다. 지폐보다 앱 속 디지털 달러가 더 믿을 만한 저장 수단이 됐습니다.

나이지리아에서도 비슷한 풍경이 펼쳐집니다. 공식 환율로는 달러를 살 수 없고, 암시장 환율은 40퍼센트 이상 비쌉니다. 젊은 세대는 은행을 거치지 않고 휴대전화로 직접 스테이블코인을 사고팝니다. 어떤 이들은 친구나 친척을 통해 미국 계좌로 스테이블코인을 보내 미국의 금융 서비스를 이용하거나, 달러와 연관된 소득을 스테이블코인으로 받아 나이지리아 나이라naira로 환전해 생활비를 충당합니다. 은행 계좌보다 모바일 지갑이 더 신뢰할 만한 '달러 창구'가 된 것입니다.

튀르키예의 이스탄불. 2021년부터 튀르키예 리라TRY 가치는 달러 대비 절반 이하로 폭락했습니다. 빵집 주인은 매일 아침 밀가루 가격을 확인할 때마다 한숨을 쉽니다. 고객이 내는 돈의 가치가 순식간에 사라지니, 장사꾼들에게는 매출을 지키는 일이 곧 생존이 됩니다. 튀르키예 시민들은 환율 불안을 피하려 달러화를 선호하지만 정부의 외환 규제가 강해 직접 달러를 사기 어렵습니다. 그래서 이들은 스

스테이블코인, 이미 시작된 돈의 미래

마트폰 지갑에서 USDT를 구입합니다. 리라는 불안하지만, 디지털 달러만큼은 가격이 변하지 않습니다.

베네수엘라는 더 극적인 사례입니다. 카라카스의 한 의사는 매달 병원 월급을 볼리바르bolívar로 받습니다. 하지만 이 돈으로는 며칠 치 생필품을 사는 것조차 힘듭니다. 이미 국민 다수가 달러 현금을 쓰거나 아예 스테이블코인으로 거래합니다. 실제로 베네수엘라에서는 노점상조차 QR코드를 붙여놓고 USDT를 받습니다. 거리 시장에서 야채를 사고, 집세를 내고, 심지어 학교 등록금까지 스테이블코인으로 결제하는 장면이 일상처럼 퍼졌습니다.

통장 대신 손에 쥔 스마트폰

월드뱅크World Bank에 따르면 전 세계 인구의 25퍼센트에 달하는 13억 명은 은행 계좌가 없다고 합니다. 특히 사하라 이남 아프리카 지역의 성인 절반 이상은 아직 은행 계좌가 없습니다. 하지만 중고 안드로이드 스마트폰은 빠르게 보급됐습니다. 현지 젊은이들은 은행 문턱을 넘지 못했지만, 휴대전화 속 지갑 앱을 통해 처음으로 달러를 '저축'하고

'송금'하게 됐습니다.

나이지리아 라고스의 한 대학생은 학비를 모으기 위해 아르바이트비를 받자마자 USDT로 바꿉니다. 은행에 넣어두면 물가 상승에 그대로 노출되지만, 스테이블코인은 최소한 가치가 유지됩니다. 그는 "내가 가진 첫 번째 달러 계좌가 휴대전화 안에 생겼다"라고 말합니다. 은행이 제공하지 못한 금융 서비스를 스테이블코인이 대신하고 있는 것입니다.

정부의 통제를 넘어선 시민의 우회로

신흥국 정부는 자국 통화를 지키기 위해 외환 통제를 강화합니다. 아르헨티나 정부는 국민이 월 200달러 이상을 사지 못하게 막았고, 튀르키예 정부는 리라화 가치의 급락을 막기 위해 달러 매입을 규제했습니다. 베네수엘라 정부는 공식 환율과 시장 환율을 이중으로 운영했습니다. 그러나 현실적으로 통제 효과는 크지 않았습니다.

사람들은 더 빠르게 스테이블코인으로 몰렸습니다. 친구를 통해 해외 계좌로 스테이블코인을 보내거나, P2Ppeer-to-peer(개인 대 개인) 마켓에서 직접 사고팔며 정부의 눈을 피해 달러에 접근합니다. 아이러니하게도, 정부의 강력한 통제는 오히려 시민들에게 스테이블코인의 필요성을 각인하는 결과를 낳았습니다. 이 과정에서 스테이블코인은 '저항의 화폐'로 쓰이기도 합니다.

해외에서 들어오는 생명줄

신흥국 경제에서 해외 송금은 국가 경제의 버팀목입니다. 엘살바도르 GDP의 25퍼센트, 필리핀 GDP의 10퍼센트 가까이가 해외에서 보내온 돈입니다. 하지만 전통적 송금은 수수료가 5~7퍼센트에 달하고 도착하기까지 며칠이 걸립니다.

미국에서 일하는 멕시코 노동자는 매달 가족에게 송금을 합니다. 예전에는 웨스턴유니언Western Union에 가서 긴 줄을 서야 했고, 고국의 가족 역시 돈을 찾으려면 시간을 내야 했습니다. 그런데 지금은 휴대전화 앱으로 USDC를 보내면 가족이 몇 분 안에 페소로 환전해 시장에서 장을 봅니다. 수수료는 1퍼센트도 안 됩니다.

튀르키예 이민자, 나이지리아 간호사, 베네수엘라의 해외 출신 노동자들 모두 비슷한 방식으로 가족을 부양합니다. 이들이 부치는 돈은 가족의 생활비에 그치지 않고 국가 경제를 움직이는 생명줄입니다. 스테이블코인은 이 생명줄을 더 빠르고 저렴하게 이어주는 도구가 됐습니다.

왜 선진국이 아닌 신흥국인가

스테이블코인이 가장 먼저 뿌리내린 곳은 미국 뉴욕이나 영국 런던이 아니라 아르헨티나의 부에노스아이레스, 나이지리아의 라고스, 튀르키예의 이스탄불, 베네수엘라의 카라카스였습니다. 이는 결코 우연이 아닙니다.

- **경제적 요인**: 치솟는 물가와 불안정한 환율 속에서 안정적인 달러에 대한 수요는 절대적입니다.
- **금융 인프라 부족**: 은행 계좌가 없는 수억 명이 스마트폰과 스테이블코인을 통해 처음으로 금융 서비스에 접근할 수 있게 됐습니다.
- **정치적 요인**: 자본 통제가 강화될수록 사람들은 더 빠르게 스테이블코인으로 우회합니다.

- **사회적 요인**: 해외 송금 의존도가 높은 나라일수록 송금 비용을 절감하는 효과를 직접적으로 체감할 수 있습니다.

이처럼 신흥국에서 스테이블코인은 혁신의 장난감이 아니라 생존의 도구, 생활을 지탱하는 안전벨트가 되고 있습니다.

• • •

선진국 투자자에게 스테이블코인은 새로운 자산 클래스일지 모릅니다. 그러나 신흥국 시민에게는 내일 식탁을 지켜주는 안전벨트입니다. 아르헨티나의 화이트보드 가격표, 나이지리아의 암시장 환율, 튀르키예의 리라 폭락, 베네수엘라 거리 시장의 QR코드가 모두 같은 이야기를 들려줍니다. 정부가 통제를 강화할수록, 화폐가 불안할수록, 해외 송금이 더 중요할수록 스테이블코인은 빠르게 퍼져 나갑니다. 이 장면은 우리에게 분명한 사실을 알려줍니다. 스테이블코인은 더 이상 실험이 아니라 이미 수많은 사람에게 살아 있는 돈이라는 것입니다.

| ## 원화를 위협하는 스테이블코인

신흥국의 사례는 결코 남의 이야기가 아닙니다. 한국 역시 저출산과 고령화라는 구조적 문제에 직면해 있습니다. 경제 성장률은 과거처럼 4~5퍼센트를 기대하기 어렵고, 장기적으로는 1퍼센트대 저성장 국면이 굳어질 가능성이 큽니다. 경제 체력이 약해지면 가장 먼저 나타나는 신호가 통화 가치의 약세입니다.

원화는 이미 글로벌 외환 시장에서 위험통화risk currency로 분류되는 경우가 많습니다. 미국 달러 강세 국면이 오면 원화는 유로나 엔보다 더 크게 흔들리곤 합니다. 앞으로 저성장이 심화될수록 원화 약세는 피하기 어려운 흐름이 될 수 있습니다.

이런 환경에서 스테이블코인은 한국 사회에도 새로운 의미를 가질 것입니다.

- **가계 차원:** 자산가들이 외환 시장에 직접 접근하지 않고도 스마트폰을 통해 달러 기반 자산에 일부를 담아두는 수단이 될

수 있습니다.

- **기업 차원:** 수출 비중이 큰 한국 기업은 이미 달러 기반으로 거래하지만, 스테이블코인을 활용하면 무역 대금 정산 속도와 비용을 개선할 수 있습니다.

- **사회적 차원:** 장기적인 원화 약세 흐름 속에서 달러 접근성이 계층별로 다르게 주어질 경우 사회적 불평등이 심화할 수도 있습니다. 따라서 제도권 금융과 규제기관이 스테이블코인의 활용 방안을 어떻게 설계하느냐가 중요합니다.

아르헨티나, 튀르키예, 베네수엘라의 모습이 극단적인 상황처럼 보일지도 모릅니다. 그러나 저출산과 저성장 국면에 들어선 한국에서 원화의 신뢰가 조금씩 흔들린다면, 개인과 기업은 보다 손쉽게 달러에 접근할 수 있는 수단을 찾을 것입니다.

07 10년 만에 70만 배 폭등한
스테이블코인 시장

숫자가 증명하는 폭발적 성장률

2014년 여름, 테더라는 이름의 스테이블코인이 최초로 세상에 나왔습니다. 당시 시가총액은 30만 달러, 약 4억 원에 불과했습니다. 몇몇 가상자산 거래소에서 거래 단위로 쓰이는 정도였을 뿐 금융 시스템 전체에 미치는 영향은 미미했습니다.

스테이블코인, 이미 시작된 돈의 미래

하지만 불과 10년 만에 상황이 완전히 달라졌습니다. 2020년 코로나19 이후 디파이(탈중앙화 금융) 시장이 폭발적으로 성장하면서 스테이블코인 수요가 급격히 늘어났습니다. 2021년 말 전 세계 스테이블코인 시가총액은 1,600억 달러를 돌파했고, 2025년 5월 기준으로는 약 2,380억 달러에 달합니다. 10년 사이 70만 배 이상 커진 셈입니다.

거래량을 봐도 기세가 뚜렷합니다. 2025년 1분기 스테이블코인 월간 거래량(온체인 정산 기준)은 6,500억~7,000억 달러 수준으로, 몇 년 전과 비교하면 두 배 이상 늘었습니다. 블록체인 데이터 분석업체 아르테미스Artemis는 연간 전체 스테이블코인 거래액이 27조 달러를 넘어섰다고 추정합니다. 이제 스테이블코인은 더 이상 가상자산 영역에서만 쓰이는 도구가 아니라 글로벌 금융에서 무시할 수 없는 플레이어가 됐습니다.

이 과정에서 주목할 점은 발행사 테더의 위상 변화입니다. 직원 수가 150명 안팎에 불과한 중소 규모 조직이지만, 2024년 한 해 매출이 140억 달러에 달했습니다. 직원 한 명당 약 9,300만 달러의 매출을 창출한 셈으로, 세계에서 가장 수익성이 높은 금융 비즈니스인 겁니다. 2025년 2분기에는 단 3개월 만에 49억 달러의 순이익을 기록하기도 했습니다. 작은 조직이지만 그 존재감은 이미 웬만한 글로벌 은행에 견줄 만합니다.

법정화폐 담보형의 압도적 우위

2025년 기준 시장의 98퍼센트 이상은 법정화폐 담보형입니다. 즉, 달러 같은 법정통화를 준비금으로 예치해두고 발행하는 구조입니다.

USDT는 1,500억 달러 이상, USDC는 약 600억 달러 규모로 발행되며 이 두 코인이 전체 시장의 89퍼센트를 차지합니다. 사실상 디지털 달러 이중 체제라고 할 수 있습니다.

반면, 비트코인이나 이더리움 같은 가상자산을 담보로 발행하는 다이 같은 코인은 2퍼센트 미만에 불과합니다. 담보 자산의 변동성이 크기 때문에 초과 담보를 요구하고, 위기 시 안정성을 유지하기 어려운 한계가 있습니다. 알고리즘형은 테라·루나 붕괴 이후 사실상 자취를 감췄습니다. 이 사건은 담보 없는 안정성의 위험성을 드러내며 시장의 무게중심을 다시 법정화폐 담보형으로 이동시켰습니다.

스테이블코인, 이미 시작된 돈의 미래

법정화폐 담보형의 매력은 구조뿐 아니라 제도권 금융과의 연결성에도 있습니다. 블랙록BlackRoc, 피델리티Fidelity 같은 글로벌 기관 투자가들은 USDC를 활용해 결제망과 금융 상품을 실험하고 있습니다. 이처럼 담보형은 제도권과 연결되는 디지털 달러라는 입지를 확고히 하고 있습니다.

가속화되는 달러 쏠림 현상

스테이블코인의 또 다른 특징은 달러 편중입니다. 2025년 기준 발행된 스테이블코인의 99퍼센트 이상이 달러 기반입니다. 유로화, 위안화, 엔화 기반 스테이블코인도 존재하지만 이들의 시장 점유율은 미미합니다. 국제 무역의 80퍼센트 이상이 달러로 결제되고, 외환보유액의 60퍼센트 이상이 달러 자산입니다.

글로벌 투자자와 기업은 안정적인 달러 접근성을 원하고, 스테이블코인은 그 수요를 손쉽게 충족시키는 도구로 자리 잡았습니다. 이 과정에서 테더는 민간의 손에 달러를 연결하는 관문이 됐습니다. 2025년 2분기 기준 테더가 보유한 미국 국채 규모는 약 1,270억 달러로 국가 단위로 볼 때 독일의 약 1,110억 달러, 한국의 약 1,240억 달러를 뛰어넘습니다. 이제 한 민간 기업이 주요 선진국과 어깨를 나란히 하며 미국 재무부의 안정적 채권 수요를 떠받치고 있는 것입니다. 테더는 이미 전 세계에서 열여덟 번째로 큰 미 국채 보유자가 됐습니다.

중국이 위안화 기반 스테이블코인을 내놓고 유럽 역시 MiCAmarkets in crypto-assets regulation(EU의 암호자산 규제 프레임워크)를 통한 유로 토큰 확산을 시도하고 있지만, 달러의 네트워크 효과network effect는 여전히 압도적입니다. 사실상 달러 기반 스테이블코인이 곧 글로벌 스테이블코인이라는 등식이 성립하고 있습니다.

거래소 밖 일상 속으로

초기에는 스테이블코인이 거의 전적으로 가상자산 거래소 안에서만 쓰였습니다. 2024년 기준으로도 여전히 88퍼센트가 가상자산 거래와 연관돼 있었습니다. 하지만 이제는 그림이 바뀌고 있습니다.

필리핀, 나이지리아, 멕시코 같은 이민자 송금 시장에서

스테이블코인, 이미 시작된 돈의 미래

는 스테이블코인 활용이 늘고 있습니다. 송금 수수료는 기존 은행 대비 5분의 1 이하로 줄었고, 도착 시간도 며칠에서 몇 분으로 단축됐습니다. 일부 글로벌 온라인 플랫폼도 스테이블코인 결제를 도입하기 시작했습니다. 특히 국경을 넘나드는 거래에서 환율 변동 위험과 정산 시간을 줄이는 효과가 큽니다. 다국적 기업들은 여러 국가 계열사 간 자금 이동에서 스테이블코인을 실험하고 있으며, 기존 은행 시스템에서 2~5일 걸리던 시간이 거의 즉시로 단축됐습니다.

한국에서도 변화가 감지됩니다. 한국은행이 국회에 제출한 자료에 따르면 2025년 1분기 국내 5대 가상자산 거래소에서 거래된 달러 기반 스테이블코인 규모가 약 57조 원에 이릅니다. 2024년에는 한 정부 관계자가 "국내 무역 거래의 약 10%가 스테이블코인으로 이뤄지고 있다"라고 언급했다는 보도가 있었고, 이후 기획재정부 자료를 분석한 기사에서는 실제 비중이 약 3.4% 수준으로 추정된다고 밝히기도 했습니다. 비율로는 적은 수치로 보이지만, 한국 선제 연간 무역 규모를 고려하면 수십조 원대 거래가 이미 블록체인을 통해 이뤄지고 있다는 뜻입니다.

이처럼 초기에는 코인 거래의 기축통화였던 스테이블코

인이 이제는 송금, 결제, 자금 관리라는 실물 경제의 영역으로 확장되고 있습니다.

화려한 성장 이면의 불안한 과제

성장은 화려하지만, 그 이면에는 여전히 해결되지 않은 과제가 있습니다. 무엇보다 준비금 운용의 투명성이 논란의 중심입니다. 테더는 준비금 내역을 둘러싸고 오랫동안 불신을 받았습니다. 2023년에는 준비금 일부가 상업어음과 비트코인으로 구성돼 있다는 점이 논란이 되기도 했습니다.

또 다른 위험은 디페깅de-pegging(가치 연동 붕괴)입니다. 2023년 실리콘밸리은행Silicon Valley Bank: SVB 파산으로 USDC의 일부 준비금이 묶이자, 시장에서 USDC는 한때 0.87달러까지 떨어졌습니다. 달러에 1:1로 고정된다는 약속이 잠시나마 깨진 것입니다.

규제 역시 양날의 검입니다. 미국·유럽·아시아 각국이 제도권 편입을 추진하고 있지만, 규제가 산업 성장을 제약할지 아니면 신뢰를 강화할지는 여전히 불확실합니다. 특히 미국 의회에서 논의되는 지니어스 법안GENIUS Act(스테이블코인 규제법) 등은 발행사의 투명성을 높일 수 있지만, 민간 주도의 혁신 속도를 제약할 수 있다는 우려도 나옵니다.

• • •

스테이블코인은 10년 전만 해도 틈새 실험에 불과했습니다. 그러나 지금은 수천억 달러 규모로 성장하며 국제 송금과 기업 재무 관리까지 파고들고 있습니다. 법정화폐 담보형이 압도적인 가운데 오히려 달러 편중이 심화되고 있습니다.

시장의 폭발적 성장세는 분명합니다. 물론 동시에 준비금 투명성, 디페깅, 규제라는 세 가지 숙제가 해결되지 않는다면 성장의 속도는 언제든 조정될 수 있습니다. 그럼에도 한 가지는 확실합니다. 스테이블코인이 더는 가상자산의 보조 수단이 아니라 때로는 독일과 한국 같은 국가와 맞먹는 국채 보유력을 가진, 글로벌 금융 시스템의 중요한 축으로 자리 잡고 있다는 사실입니다.

| Deep Dive | 세계를 넘나드는 '보이지 않는 달러' |

전쟁과 제재의 틈새

2022년 2월 러시아의 우크라이나 침공 직후, 서방은 역사상 가장 강력한 금융 제재를 단행했습니다. 러시아 은행들은 국제 결제망인 SWIFT에서 차단돼 해외 달러 송금이 사실상 불가능해졌습니다. 이에 러시아 기업들은 갑자기 세계와 단절된 섬이 됐습니다.

러시아 내 암호화폐 거래소에서는 제재 직후 루블-USDT 거래량이 폭발적으로 늘었습니다. 루블을 USDT로 바꿔 해외 거래소로 전송한 뒤, 다시 달러나 유로로 환전하는 방식입니다. 루블은 하루가 다르게 떨어졌지만, 디지털 달러는 제재의 벽을 넘어서 흘러갔습니다.

모스크바의 한 IT 스타트업 대표는 당시를 이렇게 회상합니다.

"해외 서버 비용을 결제해야 했는데, 카드도 송금도 모두 막혔습니다. 유일한 방법은 스테이블코인이었습니다. USDT로 결제하자, 몇 분 만에 거래가 끝났습니다. 우리가 고립된 게 아니라는 걸

스테이블코인, 이미 시작된 돈의 미래

처음으로 실감했죠."

피난민과 인도적 지원

반대편 우크라이나에서는 스테이블코인이 전혀 다른 얼굴을 드러냈습니다. 은행 지점은 문을 닫았고, ATM 앞에는 돈을 찾으려는 사람들이 끝없이 줄을 섰지만 현금은 이미 동나 있었습니다.

우크라이나 수도 키이우의 한 대학생은 국경을 넘어 폴란드로 피난할 때 지갑 속 현금보다 휴대전화 속 USDC를 더 의지했습니다. 그는 이렇게 말합니다.

"내 전 재산은 메타마스크 지갑 속 2,000달러어치 USDC였어요. 국경을 넘자마자 그 돈으로 버스표를 사고 숙소를 예약했죠. 은행은 닫혀 있었지만, 제 돈은 살아 있었습니다."

국제 NGO(비정부기구)와 자선 단체들도 발 빠르게 움직였습니다. 은행 송금은 며칠씩 지연됐지만, 스테이블코인으로 보낸 지원금은 몇 분 만에 국경을 넘었습니다. 우크라이나 정부는 아예 공식 암호화폐 지갑을 개설해 전 세계 후원금을 직접 받았고, 수억 달러가 쏟아져 들어왔습니다. 그 돈은 장비와 의료품, 피난민 지원에 곧바로 사용됐습니다. 스테이블코인은 총알보다 빨리 이동한 '디지털 구호물자'였습니다.

제재 회피의 회색지대

하지만 같은 도구가 빛과 그림자를 동시에 가졌습니다. 러시아 일부 기업과 재벌들은 스테이블코인을 통해 제재를 회피했습니다. 예를 들어 러시아의 한 에너지 기업은 루블로 받은 대금을 거래소에서 USDT로 바꾼 뒤, 지중해 연안의 해외 계좌로 보냈습니다. 루블은 제재 대상이어서 달러로 직접 환전할 수 없었지만, USDT를 거치자 국제 금융의 틈새가 열렸습니다.

블록체인 데이터 분석 기업 체이널리시스Chainalysis가 당시 이런 움직임을 포착했습니다. 제재 직후 러시아 관련 지갑에서 대규모 스테이블코인 전송이 급증했고, 상당수는 두바이와 동유럽의 거래소로 흘러갔습니다. 미국 재무부 관계자는 이렇게 지적했습니다.

"비트코인 같은 변동성 자산보다 달러와 1:1로 연동된 스테이블코인이 훨씬 매력적입니다. 변동성 없이 제재를 회피할 수 있기 때문이죠."

이 아이러니한 장면은 국제사회의 고민을 키웠습니다. 스테이블코인은 우크라이나 시민에게는 구호금이자 생존 자금이었지만, 러시아 측에는 제재를 피하는 새로운 통로가 되기도 했습니다. 하나의 디지털 달러가 누군가에게는 빵을 사는 돈이 되고 다른 누군가에게는 제재를 무력화하는 도구가 된 것입니다.

중동과 글로벌 상업 현장

전쟁의 최전선 밖에서도 스테이블코인은 새로운 실물 경제의 언어가 되고 있습니다. 두바이의 부동산 거래소에서는 이미 수백만 달러짜리 아파트가 USDT로 결제되고 있습니다. 부동산 개발업자는 "현금보다 빠르고, 은행을 거치지 않아도 되는 장점 때문에 고객들이 선호한다"라고 말했습니다.

레바논 베이루트의 한 상인은 은행 계좌가 동결되면서 가게 운영이 불가능해지자 QR코드로 USDT를 받기 시작했습니다. "정부 통화는 믿을 수 없고 은행도 닫혔습니다. 지금 내 가게에서 가장 안전한 결제는 스테이블코인입니다."

이란의 젊은 프로그래머들은 해외 클라이언트와의 계약금을 USDC로 받고, 이를 현지 화폐로 환전해 생활비를 충당합니다. 은행 송금이 막힌 나라일수록 디지털 달러는 더 빨리 퍼져 나갑니다.

무기인가, 안전벨트인가

러시아-우크라이나 전쟁, 중동의 상업 현장, 레바논의 거리 상점에서 드러난 풍경은 스테이블코인이 단순한 기술이 아님을 보여줍니다. 우크라이나 피난민과 NGO에게 스테이블코인은 가장 빠른 구호금 전달 수단이자 생존의 밧줄이 됐으며, 러시아의 제재 대상 기업과 개인에게는 국제 금융망을 우회하는 무기가 됐습니다. 또한 두바이와 레바논 같은 국가에서는 은행을 대신하는 새로운 결제 수단으로 자리 잡으며 상업 인프라의 일부가 됐습니다. 이처럼 스테이블코인은 더 이상 실험적 금융상품이 아니라 국제 정치와 경제 무대에서 양날의 검이 됐고 구호와 회피, 생존과 범죄, 민주주의와 권위주의가 교차하는 회색지대에서 이미 무시할 수 없는 힘을 발휘하고 있습니다.

전쟁과 제재의 틈새에서, 금융 인프라가 무너진 국가의 시장에서, 글로벌 금융 허브의 고급 부동산 거래 현장에서 스테이블코인은 서로 다른 얼굴로 사용되고 있습니다.

이 장면은 우리에게 불편하지만 중요한 질문을 던집니다.

'우리는 이 새로운 돈을 어떻게 받아들여야 하는가? 그것은 시민의 안전벨트인가, 국가의 통제를 무력화하는 무기인가?'

정답은 아직 없습니다. 그러나 스테이블코인이 더 이상 주변부의 장난감이 아니라 이미 국제 질서와 인간의 생존을 가르는 무대 위의 주인공이 됐다는 사실은 명확합니다.

08

테더와 서클:
두 거인의 다른 전략

스테이블코인 시장은 사실상 두 회사가 양분하고 있습니다. 2025년 기준 USDT(테더)의 시가총액은 약 1,500억 달러, USDC(서클)의 시가총액은 약 600억 달러로, 두 토큰이 전체 시장의 89퍼센트를 차지합니다. 그러나 점유율 수지만으로 두 코인의 위상을 설명하기는 어렵습니다. 테더가 더 많은 시장 점유율을 차지한 것은 기술적 우월성 때문이 아니라 초기 시장 선점과 네트워크 효과 덕분이었습니다. 그

에 비해 서클은 성장은 느리지만 규제 친화성과 투명성에서
시장의 신뢰를 쌓아가고 있습니다.

규제를 피해 달리는 글로벌 유목민 테더

테더의 법적 본사는 엘살바도르에 있습니다. 2021년 비트
코인을 법정통화로 채택한 이 나라는 암호자산 친화국을 자
처하며 테더 같은 기업에 우호적인 환경을 제공했습니다.

테더는 규제를 피하면서도 빠르게 확장한 대표적 사례입
니다.

- 2019년 뉴욕 검찰은 테더와 자매사 비트파이넥스
  Bitfinex를 상대로, 8억 5,000만 달러 대출과 준비금 불
  투명성을 문제 삼아 소송을 제기했습니다. 테더는 벌금
  합의와 회계법인 보고서 공개로 사건을 마무리했지만,
  신뢰성 논란의 그림자는 여전히 드리워져 있습니다.
- 그럼에도 테더는 신흥국에서 사실상 '비공식 달러'로
  통용됩니다. 아르헨티나에서는 연간 200퍼센트가 넘
  는 인플레이션 속에서 상인들이 재고 대금을 USDT로

결제하고, 아침마다 페소로 환전해 손실을 줄입니다. 나이지리아에서는 은행 송금이 막히면 젊은 층이 휴대전화로 USDT를 보내고, 수신자는 즉시 현지 통화로 환전합니다.

테더의 준비금 운용 방식은 서클과 확연히 다릅니다. 테더는 국채 비중을 빠르게 확대했지만, 한동안 상업어음과 비트코인 같은 상대적으로 변동성이 큰 자산을 준비금에 포함해 시장의 의심을 불러왔습니다.

블록체인 분석 플랫폼 크립토퀀트Cryptoquant 리서치에 따르면, USDT의 체인별 발행량(2025년 5월 기준)에서 트론이 이더리움을 추월했습니다. 트론 네트워크의 낮은 수수료와 빠른 송금 속도가 신흥국 사용자와 거래소 간 송금에서 선호됐기 때문입니다. 2025년 2분기 거래량의 78퍼센트가 중앙화 거래소centralized exchange: CEX에서 발생했고, 디파이에서의 활용 비중은 20퍼센트도 되지 않았습니다. 즉, USDT는 디파이보다는 거래소와 실물 결제 중심의 달러로 기능하고 있습니다.

재무제표를 보면 테더는 이미 '민간 중앙은행'에 가까운 존재입니다. 2025년 2분기 기준 테더가 보유한 미국 국채는 약 1,270억 달러로, 독일이나 한국 같은 주요 국가보다 많은 수준입니다. 2024년 한 해 매출은 140억 달러로, 직원 1인당 9,300만 달러의 매출을 올렸습니다. 게다가 2025년 2분기 순이익은 49억 달러에 달했습니다.

테더 CTO 파올로 아르두이노Paulo Arduino는 이렇게 말했습니다.

"우리는 규제 속도를 기다릴 수 없습니다. 우리의 역할은 필요한 곳에 달러를 연결하는 것입니다."

이 발언은 테더의 철학을 단적으로 보여줍니다. 규제 사항이 확정되길 기다리기보다 필요한 수요가 있는 곳으로 먼저 들어가 점유율을 확보하는 것이 테더의 방식입니다.

제도권 안착을 노리는 디지털 모범생 서클

USDC를 발행하는 서클은 정반대의 길을 걷고 있습니다. 2013년 미국 보스턴에서 설립된 서클은 초기부터 제도권 편입을 목표로 했습니다.

2023년 실리콘밸리은행 파산 당시 준비금 일부가 묶이면서 USDC 가격은 한때 0.87달러까지 하락했습니다. 1달러 고정 약속이 깨진 장면은 시장 전체를 충격에 빠뜨렸습니다. 이는 투명성이 있어도 은행 시스템에 의존하는 한계는 피할 수 없다는 점을 보여줬습니다. 그러나 서클은 즉각적으로 준비금 내역을 공개하고 규제 당국과 협력해 신뢰를 회복했습니다.

서클은 애초부터 보수적인 운용을 표방했습니다. USDC 준비금은 미국 은행 계좌와 단기 국채로 구성되며, 매월 외부 감사기관의 보고서를 공개합니다. 미국 의회에서 논의되는 지니어스 법안, 스테이블 법안STABLE Act 같은 규제 법안에서도 USDC는 모범 사례로 자주 언급됩니다. 테더가 '수익 극대화'에 가까운 행보를 보였다면, 서클은 '규제 친화와 투명성'을 우선한 셈입니다.

체인별로 보면 USDC 공급량의 70퍼센트 이상이 이더리움 위에 있고, 디파이 활용 비중이 41퍼센트에 달합니다. USDT의 디파이 활용 비중 4퍼센트와 비교하면 10배 이상 많은 수치입니다. 솔라나, 아비트럼Arbitrum, 베이스Base 같은 신흥 체인에서도 USDC는 빠르게 확산되고 있으며, 아비트럼의 파생상품 시장에는 486억 달러 상당의 USDC가

예치돼 있습니다.

또한 서클은 전통 금융과의 협력을 강화했습니다. 비자, 마스타카드, 스트라이프 같은 글로벌 결제 네트워크와 손잡고 USDC 결제를 지원하며, 뱅크오브뉴욕멜론Bank of New York Mellon: BNY 같은 대형 은행이 준비금 관리에 참여합니다.

서클 CEO 제러미 알레어Jeremy Allaire는 이렇게 말했습니다. "투명성이 미래를 만듭니다. 규제와 협력 없이는 디지털 달러가 제도권으로 들어올 수 없습니다."

완전히 다른 두 거인의 길

두 기업의 차이는 철학의 문제에서 발생한 것이 아닙니다.

- **탄생 배경**: 테더는 2014년, 거래소의 거래 단위를 맞추기 위해 만들어졌습니다. 빠른 사용을 위해 규제가 적은 환경을 필요로 했습니다. 반면 서클은 2013년 미국 금융권 출신들이 설립한 핀테크 기업으로, 처음부터 규제 수용을 전제로 설계됐습니다.

테더 vs. 서클

구분	테더(USDT)	서클(USDC)
탄생 배경	2014년 설립. 거래소 간 거래 단위 통일을 위해 만들어졌으며, 빠른 유통을 위해 규제가 적은 환경을 필요로 함.	2013년 설립. 미국 금융권 출신들이 창업한 핀테크 기업으로, 규제 수용과 준법 설계를 전제로 출발함.
주요 고객군	신흥국 사용자, 글로벌 암호화폐 거래소	미국·유럽의 기관 투자가, 디파이(탈중앙화 금융) 생태계
브랜드 포지셔닝	'달러 접근성이 부족한 이들을 위한 글로벌 대안 화폐'	'규제 적합성과 투명성을 갖춘 제도권 친화적 디지털 달러'

- **고객군**: 테더의 주 고객은 신흥국 사용자와 글로벌 거래소입니다. 서클의 주 고객은 미국과 유럽의 기관 투자가, 디파이 생태계입니다.
- **브랜드 포지셔닝**: 테더는 '달러 접근성이 부족한 이들을 위한 글로벌 대안 화폐', 서클은 '규제 적합성과 투명성을 갖춘 제도권 친화적 디지털 달러'를 강조합니다.

테더는 속도와 확산성에서 우위를 보였고, 서클은 제도권의 신뢰와 장기적 안정성을 추구하는 길을 걸었습니다.

승자의 조건

테더와 서클의 차이는 옳고 그름의 문제가 아닙니다. 테더가 규제를 피해 신흥국과 거래소에서 빠르게 몸집을 불리지 않았다면, 스테이블코인 시장은 지금처럼 폭발적으로 성장하지 못했을 것입니다. 반대로 서클이 투명성과 규제 수용을 앞세우지 않았다면, 이 시장은 여전히 그림자 금융으로만 취급될 것입니다.

스테이블코인의 성장사는 규제를 피해 확보한 속도와 규제를 수용해 얻은 신뢰가 서로 보완하면서 만들어낸 결과입니다. 앞으로도 두 전략은 긴장과 협력 속에서 공존할 것입니다. 각국 정부가 스테이블코인을 어떻게 규제하고 제도화하느냐에 따라 어느 쪽이 주도권을 잡을지가 결정될 것입니다.

• • •

테더의 USDT와 서클의 USDC는 같은 디지털 달러지만, 하나는 규제를 피하며 신흥국과 거래소에서 네트워크 효과를 누렸고 다른 하나는 규제를 수용하며 금융기관과 정부의 신뢰를 얻었습니다. 두 길은 달라 보이지만, 모두 스테이블코인의 현재를 만든 주역입니다. 속도와 신뢰, 이 두 축이 앞으로 어떤 균형을 이루느냐에 따라 스테이블코인이 글로벌 금융 시스템에서 어떤 위치를 차지할지가 결정될 것입니다.

09 미국과 유럽, 아시아의 동상이몽

미국: 달러 패권과 금융 안정성 사이의 줄타기

2023년 봄 실리콘밸리은행이 파산하면서 USDC의 일부 준비금이 묶였고, 그 결과 USDC 가격이 한때 0.87달러까지 떨어졌습니다. 이 사건은 미국 정치권에 큰 충격을 주었습니다. 그동안 스테이블코인은 가상자산 업계의 문제로만 여겨졌지만, 이제는 금융 안정성에 직결되는 사안으로 인

스테이블코인, 이미 시작된 돈의 미래

식되기 시작한 것입니다.

의회는 뒤늦게 대응에 나섰고, 발행사가 반드시 준비금을 1:1로 보유하고 정기적으로 공시하도록 하는 법안들이 논의됐습니다. 그러나 미국의 태도는 단순하지 않습니다. 달러 기반 스테이블코인의 성장은 달러 패권을 강화하는 동시에, 은행 시스템 바깥에서 움직이는 민간 달러가 커질수록 통화 정책이 무력화될 위험을 안고 있습니다. 따라서 미국은 명확한 제도화를 미루며, 규제의 문은 열되 완전히 조이지는 않는 모호한 전략을 택하고 있습니다. 달러 패권과 금융 안정성 사이에서 줄타기를 하는 셈입니다.

유럽: 유로화를 지키는 강한 통제

유럽은 다른 길을 걸었습니다. 2024년 발효된 MiCA 규제는 스테이블코인을 제도 안으로 강력하게 끌어들였습니다.

유럽이 이처럼 빠르게 움직인 데는 두 가지 이유가 있습니다. 하나는 유로존 내부의 불균형으로, 남유럽의 금융 불안이 반복되는 상황에서 유로화의 신뢰를 방어할 필요가 있었습니다. 다른 하나는 외부 위협으로, 글로벌 빅테크 기업이 민간 화폐를 발행해 유럽의 금융 질서를 흔드는 것은 감당하기 어려운 시나리오였습니다. 페이스북의 리브라 프로젝트Libra Project가 유럽에서 거센 반발을 산 것도 같은 맥락입니다.

결국 유럽은 민간 스테이블코인을 허용하되, 발행 한도와 준비금 요건을 엄격히 설정해 유로 주권을 위협하지 못하도록 막았습니다. 혁신은 허용하되 확실히 통제하는 방식입니다.

아시아: 실리와 명분 사이의 각자도생

아시아는 국가마다 다른 전략을 택했습니다. 싱가포르는 국제 금융 허브로서 신뢰를 지키고 자본을 끌어오기 위해 빠르게 가이드라인을 제시했습니다. 준비금 1:1 보유, 발행사 라이선스, 정기 감사 보고서 등 명확한 규제를 내세우며 '안전한 환경에서의 성장'을 표방했습니다.

홍콩은 중국 본토와의 관계를 의식하면서도 글로벌 자본 유치를 위해 규제의 문을 열었습니다. 중국식 통제와 국제 허브라는 두 얼굴을 유지하려는 전략입니다. 일본은 금융 안정성을 최우선으로 두고 기존 금융기관에만 발행을 허용하며 신중한 길을 택했습니다. 같은 아시아지만 각국이 처한 위치와 목표에 따라 다른 조합을 선택한 것입니다.

한국: 회색지대에서의 모호한 위치

한국은 아시아에서도 독특한 위치에 서 있습니다. 세계에서 손꼽히는 가상자산 투자자 수(약 900만 명)를 보유하고 있고, 거래 규모도 글로벌 상위권입니다. 그러나 규제 프레임은 여전히 보수적입니다.

2021년 개정된 '특정 금융거래정보의 보고 및 이용 등에 관한 법률'로 수백 개 거래소 중 5대 거래소만 생존했고, 트래블 룰travel rule(자금이동 규제)을 조기에 도입해 국제 표준을 맞췄습니다. 하지만 정작 민간 스테이블코인에 대해서는 별도의 제도화 방안이 마련되지 않았습니다. 한국은행이 CBDC 실험('프로젝트 한강')에 집중하고 금융위원회가 STOsecurity token offering(증권형 토큰 제도화)에 무게를 두는 사이, 스테이블코인은 여전히 회색지대에 남아 있습니다. 정부의 기조는 투자자 보호와 리스크 억제가 최우선이지,

산업 육성은 아닙니다.

더 큰 문제는 달러 패권하에서 한국의 위치입니다. 원화
는 기축통화가 아니며, 장기적으로 저출산·저성장 구조 속
에서 원화 약세는 불가피하다는 전망이 많습니다. 실제로
원화 가치가 급락할 때마다 한국 투자자들은 거래소에서
USDT를 사들이며 '디지털 달러 예금'을 쌓습니다. 일부 무
역 기업은 소규모이지만 스테이블코인으로 해외 대금을 결
제하는 실험을 시작했습니다. 원화 기반 스테이블코인의
수요가 한정적이기 때문에 한국은 달러 패권 질서의 수용
자로 남을 수밖에 없는 구조입니다.

● ● ●

이처럼 미국, 유럽, 아시아의 서로 다른 선택은 각 지역이 처
한 경제 구조와 금융 현실에서 비롯됩니다. 미국은 달러 패
권을 지켜야 하고, 유럽은 유로화의 신뢰를 방어해야 하며,
아시아는 자본 유치와 통제와 안정성 사이에서 저마다 다른
우선순위를 세웁니다. 한국은 그중에서도 기축통화 지위를
갖지 못한 채 달러 패권 질서에 의존할 수밖에 없는 국가로,
스테이블코인 규제 전략이 더욱 민감한 사안이 됩니다.

스테이블코인, 이미 시작된 돈의 미래

결국 규제는 장벽이 아니라 산업 지형을 다시 그리는 힘입니다. 미국은 달러의 영향력을 확장하려 하고, 유럽은 유로화를 지키려 하며, 아시아 각국은 각자의 길을 모색합니다. 한국은 그 사이에서 '어떤 틀로 스테이블코인을 제도화하느냐'에 따라 미래의 통화 질서에서 더 의존적인 나라가 될 수도 있고, 새로운 기회를 잡을 수도 있습니다.

10 국경을 넘어 침투하는 디지털 달러 제국

아침 뉴스가 시작됩니다. 화면에는 '원화 가치, 하루 만에 5퍼센트 하락…… 카드사 긴급 환율 자동조정 시행'이라는 자막이 깔립니다. 고등학생 정민이는 다음 달 학원비 걱정에 휴대전화 앱을 열었는데, 보이는 금액이 전날과 다릅니다. '얼마 전만 해도 이렇지 않았는데…….' 직장에 다니는 형은 월급이 들어오는 계좌 대신 스테이블코인 지갑 잔액을 확인하고 있습니다. 은행에서는 외환·환전 수수료 한도를 조절하고, 달러는 환전 창구에서 줄을 서야 겨우 살 수 있습니다. 통화 주권이 흔들리면 우리의 일상이 흔들린다는 사실을 문득 체감하게 됩니다.

이처럼 통화 주권이 흔들리면 대중의 일상에도 직접적인 파장이 옵니다. 은행 계좌 대신 스테이블코인 지갑을 확인하고, 뉴스 첫머리마다 환율 변동이 보도되는 미래. 이는 상상이 아니라 이미 아르헨티나, 튀르키예, 베네수엘라에서 일어난 현실입니다.

달러는 스스로 국경을 넘는다

스테이블코인은 달러를 단순히 디지털 형태로 옮긴 것처럼 보입니다. 그러나 그 효과는 디지털화에 머물지 않습니다. 달러 유동성을 국경과 시간의 제약을 넘어 확장하면서 미국 달러의 도달 범위를 오히려 넓히고 있습니다.

아르헨티나의 상점 주인이 스마트폰 지갑으로 USDT를 받고 나이지리아의 학생이 학비를 USDC로 납부하는 순간, 달러는 더 이상 지폐나 은행 계좌에 갇힌 자산이 아니라 누구나 쓸 수 있는 글로벌 네트워크의 화폐가 됩니다. 이 과정에 미국 정부가 직접 개입하지 않았음에도, 달러가 스스로 영향력을 확장하는 셈입니다.

이 현상은 특히 신흥국에서 두드러집니다. 통화가 흔들릴수록 시민들은 자국 화폐를 쥐고 있지 않습니다. 그 대신 스마트폰 지갑을 열어 스테이블코인으로 달러를 확보합니다. 이는 단순한 투자 행위가 아니라 생존 전략입니다. 달러를 향한 집단적 수요는 달러 패권을 더욱 강화하고, 미국 국채 시장에도 안정적인 매수세를 공급합니다. 실제로 미국 의회와 재무부 내 일부 인사는 스테이블코인을 '달러 외교의 새로운 무기'라고까지 평가합니다.

스테이블코인 뒤 미국의 계산

미국 정부가 스테이블코인을 제도권으로 끌어들이는 이유는 분명합니다.

첫째, 국채 수요 확보입니다. 스테이블코인 발행사가 국채를 준비금으로 보유한다면 자동으로 새로운 수요가 생깁니다. 미국의 GDP 대비 국가부채 비율은 이미 124퍼센트를 넘어섰고 중국과의 경쟁으로 국채 발행은 계속 늘어나는 한편, 국채를 사주던 중국 등이 국채 매입량을 줄이는 상황입니다.

둘째, 앞에서 본 달러 패권 강화입니다. 스테이블코인을 통해 달러는 신흥국의 골목 상점과 대학 강의실에까지 스며듭니다. 이는 달러의 영향력을 더욱 공고히 하는 수단입니다.

셋째, 역외 달러 관리입니다. 기존에는 추적하기 어려웠던 역외 달러 흐름이 스테이블코인을 통해 제도권으로 들어오면, 미국은 이를 더 쉽게 관리하고 감시할 수 있습니다.

비판에서 전략으로, 미국의 선회

트럼프 대통령 1기에는 가상화폐에 부정적인 시각이 강했습니다. "비트코인은 사기 같다"라는 발언이 대표적입니다. 그러나 2기에는 스테이블코인을 제도화하는 쪽으로 방향을 틀었습니다. 다만 2025년 트럼프 2기 체제에서 제정된 지니어스 법안은 발행사에 1:1 준비금 보유, 정기 감사, 연방 감독하의 라이선스를 요구했습니다. 스테이블코인을 달러 패권을 유지하는 도구로 활용하려는 의도입니다.

달러를 견제하는 각국의 전략

중국은 디지털 위안화로 무역 결제에서 달러 의존도를 낮추려 하고, 브라질·러시아·인도 등 BRICS 국가는 자국 통화 기반 스테이블코인을 구상하고 있습니다. 유럽은 유로화 스테이블코인 규제를 강화하며 내부에서 달러 영향력을 줄이려 합니다. 일본도 최초의 엔 기반 스테이블코인을 발행했습니다. 모두 달러를 완전히 대체하기보다는 달러 의존도를 조금이라도 낮추려는 전략입니다.

$$\bullet \; \bullet \; \bullet$$

스테이블코인은 달러의 도달 범위를 넓히면서도 민간 발행사의 신뢰에 의존하는 불안정을 동시에 낳습니다. 앞으로의 승부처는 이 불안을 누가 제도화하고 관리하느냐에 있습니다. 미국은 스테이블코인을 달러 시스템에 흡수해 관리하려 하고, 유럽과 아시아는 각자의 방식으로 대응합니다. 한 가지 분명한 점은 스테이블코인이 더 이상 가상자산 시장의 작은 실험이 아니라는 사실입니다. 스테이블코인은 이제 세계 패권과 직결된 새로운 금융 인프라입니다.

11 원화 스테이블코인은 달러의 벽을 넘을 수 있는가

한국 정부가 스테이블코인에 관심을 가지는 데는 두 가지 동기가 존재합니다. 내부적으로는 원화 자산인 국채의 수요를 높여 정부 지출 확대를 가능하게 하고 외부적으로는 달러 패권에 대응하기 위한 이중 전략으로 이해할 수 있습니다.

국가 재정의 새 동맥, 원화 스테이블코인

스테이블코인은 일정한 자산을 담보로 발행됩니다. 미국에서 달러 스테이블코인 발행사가 미 국채를 담보로 보유하면서 새로운 국채 수요를 창출했듯, 한국 정부 역시 원화 스테이블코인KRW stablecoin 발행사가 국채를 준비금으로 보유하면 자연스럽게 원화 국채의 수요 기반이 넓어질 것으로 기대하고 있습니다.

이는 정부 입장에서 재정 건전성을 유지하면서도 국채 시장의 안정적 수요를 확보하는 수단이 될 수 있습니다. 특히 저출산·저성장 국면에서 국가 재정 지출이 늘어나고 국내 채권 시장의 외국인 의존도가 높아지는 상황에서 스테이블코인은 새로운 '국내 투자자 역할'을 할 가능성이 있습니다.

통화 주권의 마지막 방어선

2025년 글로벌 디지털 금융 생태계에서 달러 스테이블코인은 이미 사실상의 국제 결제 통화로 자리 잡고 있습니다. 그러나 달러 스테이블코인의 확산은 한국 입장에서 통화 주권 약화와 역외 자본 흐름 관리의 어려움을 초래할 수 있습니다. 따라서 정부는 달러 스테이블코인 의존을 줄이고, 원화 기반의 스테이블코인을 육성함으로써 국내 결제망에서 달러 중심 구조를 완화하고, 원화의 디지털 결제 활용도를 높이며, 장기적으로는 역외 원화 유통 관리 능력을 강화하려는 의도를 가지고 있습니다.

결론적으로, 한국 정부가 스테이블코인에 관심을 가지는 이유는 '재정 안정의 도구'이자 '통화 주권의 방패'로서 스테이블코인을 바라보기 때문입니다. 즉, 원화 국채의 새로운 수요 창출과 달러 패권의 디지털 확장에 대한 대응이라는 두 축이 동시에 작동하고 있는 것입니다.

달러의 벽 앞에서 멈출 것인가 뚫을 것인가

2025년, 한국 금융권과 정책 당국에서는 원화 스테이블코인 발행을 둘러싼 논쟁이 뜨겁습니다. '우리도 원화를 디지털 형태로 만들어야 한다'는 주장과 '이미 달러 스테이블코인이 시장을 장악했는데 경쟁이 가능하겠느냐' 또는 '위험한 스테이블코인을 도입하는 데는 신중해야 한다'는 반론이 맞서고 있습니다. 그러나 이 논쟁의 본질은 찬반이 아닙니다. 스테이블코인의 시대는 이미 시작됐고, 이는 마차가 자동차로 바뀌던 시절처럼 거스를 수 없는 흐름이기 때문입니다.

시장 데이터 플랫폼 피치북PitchBook이 발표한 보고서에 따르면, 2025년 10월 기준 전 세계 스테이블코인 시장의 시가총액은 2,898억 달러, 연간 누적 거래액은 7.2조 달러에 이르렀습니다. 이는 비자의 2024년 총결제 및 현금 인출 규모(16조 달러)의 절반에 육박하는 것으로, 스테이블코인이 더 이상 실험적 대안이 아니라 글로벌 금융 인프라의 일부로 편입되고 있음을 보여줍니다. 또한 미 재무부 차입자문위원회TBAC 문서에서 인용된 시장 추정치에 따르면 2028년까지 전 세계 스테이블코인 시장이 2025년 대비 8배 성장할 것으로 전망했습니다. 정부가 보수적으로 추정했다는 점까지 고려한다면, 이 시장은 매우 빠르게 우리 곁으로 다가오고 있다고 평가할 수 있습니다.

실제로 전 세계 스테이블코인 거래의 99퍼센트 이상은 달러 기반입니다. 유로조차 점유율이 1퍼센트를 넘지 못합니다. 이 수치는 환율 문제를 넘어 국제 경제의 디지털 표준이 이미 달러 중심으로 재편되고 있음을 의미합니다. 그렇다고 해서 한국이 이 흐름에서 손을 놓고 있어야 한다는 뜻은 아닙니다. 오히려 지금이야말로 원화 스테이블코인의 법제화를 서두르고, 동시에 달러 스테이블코인 시장에 기업들이 진입하도록 지원해야 합니다.

돈의 가치는 기술이 아니라 쓰임에 있다

스테이블코인의 힘은 기술이 아니라 '쓸 수 있는 곳', 즉 유통망에 있습니다. 실제 많은 전문가가 같은 점을 지적합니다. 스테이블코인이 기존 금융을 대체하는 것이 아니라 결제와 정산의 하위 인프라로 편입되고 있기 때문입니다. 한국의 유학생이 미국에서 아르바이트를 하면서 원화 스테이블코인으로 급여를 받는다고 상상해봅시다. 그가 사용하는 플랫폼이나 상점이 원화 토큰을 받지 않는다면 결국 다시 달러 스테이블코인으로 바꿔야 합니다. 사용처기 없는 화폐는 존재 이유를 잃습니다.

반면 이미 달러 스테이블코인을 도입한 산업에서는 새로운 생태계가 열리고 있습니다. 미국의 프리랜서 플랫폼 업워크Upwork는 USDC 결제를 허용했고, 금융 IT 서비스 기업 FIS는 수천 개의 은행이 USDC 송금 기능을 제공하도록 통합했습니다. 비자와 마스타카드도 각각 기업용 USDC 선결제 시스템과 스테이블코인 기반 직불카드를 시범 운영 중입니다. 이런 움직임은 스테이블코인이 단순한 가상자산이 아니라 글로벌 기업의 현금·결제 인프라로 진화하고 있음을 보여줍니다.

한국은 이 변화의 수혜를 받을 충분한 조건을 갖추고 있습니다. 한국의 콘텐츠, 의료, 교육, 기술은 이미 세계가 소비하는 상품입니다. 만약 이 산업들이 달러 스테이블코인을 기반으로 글로벌 결제를 처리한다면, 한국은 기존 외환 시스템의 제약을 뛰어넘어 '디지털 결제 강국'으로 도약할 수 있을 것입니다. 예를 들어 전 세계 팬들이 달러 스테이블코인으로 온라인 콘서트를 결제하고 수익이 실시간으로 한국 기획사에 정산된다면, 지금의 복잡한 외환 절차와 송금 지연은 사라질 것입니다. 한국에 의료 관광을 온 해외 환자가 진료를 마치고 스테이블코인으로 비용을 지불하는 미래가 머지않았습니다.

연결되지 않으면 사라진다

물론 현실적 제약도 분명합니다. BIS는 2023/2024 보고서에서 "스테이블코인의 가장 큰 약점은 유동성 부족thin liquidity과 넓은 외환 스프레드"라고 지적했습니다. 일부 신흥국에서는 스테이블코인과 현지 통화 간 환전 가격 차이(스프레드)가 은행 간 거래 대비 10배 이상 벌어집니다. 시장 조성자들이 충분히 참여하지 않으면, 빠른 결제망이 오히려 비싼 결제망이 될 수 있습니다. 다시 말해 스테이블코인의 효율성은 기술이 아니라 글로벌 환전 네트워크의 깊이에 달려 있습니다.

이 점에서 원화 스테이블코인은 제도적 기반을 마련하는 동시에 달러 스테이블코인처럼 여러 블록체인 네트워크에서 끊김 없이 오가고 연결될 수 있는 호환성(상호운용성)을 확보해야 합니다. 통화 주권은 발행 여부 자체보다 신뢰와 안정성 그리고 글로벌 네트워크상에서의 연결성으로 유지됩니다.

이미 시작된 글로벌 화폐 전쟁

세계 각국도 이미 이 방향으로 움직이고 있습니다. 일본은 엔화 스테이블코인 발행을 민간에 개방했고, 싱가포르는 USDC와 싱가포르 달러SGD 스테이블코인을 병행하는 결제 샌드박스를 운영 중입니다. 미국에서는 지니어스 법안 제정으로 안정적 발행 기준이 마련됐고, JP모건은 자사 유동성을 토큰화한 JPMD를, SWIFT는 블록체인 기반 실시간 결제 레저ledger를 도입했습니다. 즉, 전통 금융기관들은 사라지는 것이 아니라 스테이블코인을 흡수하며 새로운 역할로 진화하고 있습니다.

한국이 이 흐름에 뒤처진다면, 기술이나 금융 측면에서 디지털 갈라파고스가 될 위험이 있습니다. 반대로 지금 선제적으로 움직인다면, 스테이블코인은 한국이 가진 기술력·문화력·신뢰 자산을 세계로 확장시키는 새로운 성장 엔진을 확보할 수 있습니다.

결국 중요한 것은 '무엇을 만들 것이냐'가 아니라 '어떤 위치에서 이 변화에 참여할 것이냐'입니다. 원화 스테이블코인은 제도적 기반이자 내부 결제 효율성을 높이는 장치로, 달러 스테이블코인은 한국 기업이 세계 결제 네트워크로 도약할 수 있는 교두보입니다.

• • •

스테이블코인의 시대는 이미 자동차의 시대로 접어든 산업 혁명과 같습니다. 마차를 아무리 잘 만들어도 도로는 이미 엔진의 속도에 맞춰 달라지고 있습니다. 지금이 바로, 한국이 디지털 금융의 도로 위에서 스테이블코인이라는 새로운 엔진을 달아야 할 때입니다.

새로운 무대에 선 스테이블코인

불과 10년 전만 해도 스테이블코인은 일부 거래소에서만 쓰이던 작은 실험이었습니다. 그러나 이제는 시가총액 2,000억 달러를 넘는 시장으로 성장해 국제 송금, 기업 재무 관리, 전자상거래, 심지어 신흥국의 일상까지 파고들고 있습니다.

USDT와 USDC라는 두 거인은 정반대의 전략으로 시장을 양분하고 있습니다. USDT는 규제를 피하며 신흥국과 거래소를 중심으로 빠르게 확산했고, USDC는 제도권을 기반으로 디파이와 글로벌 금융 네트워크에 뿌리를 내렸습니다. 글로벌 금융사와 빅테크, 은행들까지 스테이블코인을 결제와 정산, 토큰화된 예금의 인프라로 받아들이면서 스테이블코인은 더 이상 가상자산의 보조 수단이 아니라 글로벌 금융 시스템의 일부가 됐습니다.

이 과정에서 세 가지 특징이 드러납니다.

첫째, 신흥국에서 스테이블코인은 생존의 화폐가 됐습니다. 아르헨티나의 화이트보드 가격표, 나이지리아의 암시장 환율, 튀르키예 리라의 폭락, 베네수엘라 거리 시장의 QR코드는 모두 시민들이 자국 통화가 아닌 디지털 달러를 선택하는 모습을 보여줍니다. 이들에게 스테이블코인은 투자가 아니라 안전벨트이자 생존 전략입니다.

둘째, 각국 정부는 규제를 통해 서로 다른 선택을 하고 있습니다. 미국은 스테이블코인을 달러 패권 유지와 국채 수요 확보, 역외 달러 관리 수단으로 활용하며 제도권 안으로 끌어들이고 있습니다. 유럽은 MiCA를 통해 강력한 규제를 부과하며 유로화의 주권을 방어합니다. 아시아의 싱가포르·홍콩·일본은 각자 다른 길을 택했고, 한국은 투자자 수와 거래 규모에서 세계 상위권임에도 스테이블코인을 회색 지대에 둔 채 CBDC와 증권형 토큰에 집중하고 있습니다.

셋째, 이 모든 움직임은 달러 패권과 직결됩니다. 스테이블코인은 달러의 도달 범위를 넓히며 패권을 강화하는 동시에 민간 발행사의 투명성과 신뢰에 과도하게 의존하게 하는 불안정성도 안고 있습니다. 미국 정부가 스테이블코인을 '달러 외교의 무기'로 활용하는 이유는 분명하지만, 동시에 민간의 리스크가 달러 신뢰 전체로 번질 위험 또한 존재합니다.

스테이블코인의 확산은 단순한 금융 혁신이 아니라 지정학적 사건입니다. 속도와 편리함과 저비용이라는 장점은 누구나 체감할 수 있지만, 그 배후에는 통화 주권과 금융 안정성이라는 국가적 과제가 놓여 있습니다. 지금 세계는 같은 디지털 달러를 두고도 다른 선택을 하고 있으며, 이 다양한 길이 맞물리면서 스테이블코인 시장은 다극적으로 전개되고 있습니다.

앞으로의 문제는 누가 신뢰를 제도화하고, 누가 시장의 표준을 세울 것인가 하는 점입니다. 스테이블코인은 이미 달러를 새로운 무대에 올려놓았습니다. 그 무대는 이제 국

스테이블코인, 이미 시작된 돈의 미래

가를 넘어 플레이어 간의 전략 경쟁으로 이동합니다.

3장에서는 정부가 아닌 은행, 카드사, 핀테크, 발행사 등이 어떻게 신뢰를 설계하는지 다룹니다. 신뢰는 이제 중앙은행의 독점물이 아니라 플레이어 간 경쟁 자산으로 변모하고 있습니다.

"ETF는 시작일 뿐이다.

다음 단계는 금융 자산의 토큰화(Tokenization)이다."

_래리 핑크Larry Fink(블랙록 CEO)

3장

판을 흔드는 자와
흔들리는 자

12 세계에서 가장 수익성 높은 금융 비즈니스

테더의 놀라운 수익성

2025년 2분기, 테더가 단 3개월 만에 벌어들인 순이익은 약 49억 달러였습니다. 직원 수는 150명 남짓에 불과했지만, 같은 기간 씨티그룹Citigroup의 순이익을 넘어서는 규모였습니다. 세계에서 가장 수익성이 높은 금융 비즈니스라는 평가를 받는 이유가 이것입니다.

이 놀라운 수익성의 비밀은 준비금 운용에 있습니다. 스테이블코인은 발행된 토큰 수만큼 달러나 달러에 준하는 안전자산을 준비금으로 보관해야 합니다. 테더와 서클은 이 준비금을 주로 미국 국채와 단기예금, 머니마켓펀드에 투자합니다. 2025년 테더가 보유한 미국 국채는 약 1,270억 달러로, 독일과 한국의 미국 국채 보유량을 넘어섰습니다. 스테이블코인 발행사가 주요 국가와 어깨를 나란히 하며 미국 재무부의 핵심 투자자가 된 것입니다.

이자를 버는 돈, 그 달콤한 위험

여기서 수익은 자연스럽게 발생합니다. 발행사가 고객에게 1달러를 받고 스테이블코인을 발행하면, 그 1달러는 준비금 계정으로 들어갑니다. 발행사는 이를 국채에 투자해 연 4~5퍼센트의 금리를 얻습니다. 고객이 스테이블코인을 쓰는 동안 발행사는 안정적인 이자 수익을 확보합니다. 환불을 요구하지 않는 한 준비금은 계속 발행사의 자산 운용에 묶여 있습니다.

그러나 이 비즈니스 모델은 본질적으로 은행의 일부 기능을 흉내 낸다는 점에서 리스크를 안고 있습니다. 은행은 예금보험과 중앙은행의 최종 대출자 기능이라는 안전망을 갖고 있지만, 스테이블코인 발행사에는 이런 장치가 없습니다. 발행사가 디폴트에 빠지거나 준비금 운용에 실패한다면, 고객은 한순간에 자산을 잃을 수 있습니다. 실제로 2023년 실리콘밸리은행 파산 당시 USDC 준비금의 일부가 묶이면서 토큰 가치가 0.87달러로 떨어졌습니다.

또 다른 문제는 투명성입니다. 테더는 오랫동안 준비금 내역을 명확히 공개하지 않아 시장의 의심을 받아왔습니다. 상업어음과 비트코인 보유 비중이 지나치게 높은 시기도 있었고, 이는 '1USDT = 1달러'라는 약속을 위태롭게 했습니다. 반면 서클은 매월 외부 감사기관의 보고서를 공개하며 신뢰 확보에 주력했습니다. 그러나 서클 역시 미국 금융 시스템에 지나치게 의존하기 때문에 특정 은행이나 금융기관의 문제가 곧바로 토큰 가치의 변동으로 이어질 수 있습니다.

발행사의 리스크는 기술적인 영역에서도 발생합니다. 해킹으로 준비금 계좌가 침해되거나 블록체인 브리지의 취약점으로 대규모 탈취 사건이 일어나면, 발행사의 신뢰는 곧 무너집니다. 스테이블코인은 화폐라는 특성상 한번 신뢰가 흔들리면 순식간에 대규모 환매 사태로 이어질 수 있습니다.

• • •

결국 발행사의 비즈니스 모델은 고수익 구조이지만, 동시에 시스템 리스크를 안고 있는 구조입니다. 투자자와 사용자 입장에서는 스테이블코인의 편리함을 누리면서도 그 배후가 전통적인 은행만큼 안전하지 않다는 점을 잊어서는 안 됩니다. 신뢰를 기반으로 설계된 화폐가 신뢰를 잃는 순간 더 이상 화폐로 기능할 수 없기 때문입니다.

스테이블코인, 이미 시작된 돈의 미래

13 은행의 위기 속 새로운 기회

은행의 벽에 생긴 균열

2023년 이후 미국과 유럽의 규제 당국은 스테이블코인이 은행 시스템을 잠식할 수 있다는 경고를 반복했습니다. 논리는 간단합니다. 고객이 은행에 예금하지 않고 스테이블코인으로 달러를 보유하기 시작하면, 은행의 예금 기반이 줄어들고 대출 여력이 축소된다는 것입니다. 실제로 2025

년 전 세계 스테이블코인 시가총액은 2,300억 달러를 넘어섰고, 그 대부분이 달러 담보형입니다. 이는 은행 예금에서 빠져나간 거대한 유동성이 블록체인 네트워크로 이동했음을 의미합니다.

예대마진의 시대가 끝나간다

이 문제를 이해하려면 은행의 전통적인 수익 구조부터 짚어야 합니다. 은행의 비즈니스 모델은 기본적으로 예대마진입니다. 즉, 고객에게 낮은 금리로 자금을 빌려(예금) 이를 더 높은 금리로 빌려주어(대출) 그 차익으로 수익을 창출합니다. 따라서 저원가성 예금을 얼마나 확보할 수 있는지가 성패를 가르는 요소입니다. 고객이 안정적으로 예금을 맡겨주면 은행은 낮은 비용으로 자금을 조달할 수 있고, 이를 대출과 투자로 굴려 이익을 냅니다.

하지만 예금을 끌어오는 과정은 결코 쉽지 않습니다. 지점 운영, 마케팅, 각종 서비스 제공 등 은행의 고객 획득 비용customer acquisition cost: CAC은 상당히 큰 편입니다. 게다가 은행은 정부 규제 산업으로 BIS 자기자본 비율, 유동성 커

버리지 비율 같은 각종 건전성 규제를 철저히 따라야 합니다. 이런 제약 속에서 은행은 '돈을 싸게 조달해 비싸게 빌려주는' 단순 구조를 유지하기가 점점 어려워졌습니다.

특히 저금리 시대에는 예대마진 자체가 적어지면서 은행의 전통적인 수익 구조가 한계에 부딪혔습니다. 이 때문에 글로벌 은행들은 일찍부터 카드 수수료, 자산 관리, 보험, 투자은행 업무 같은 비이자 수익 채널을 확대하며 포트폴리오 다각화에 나섰습니다.

위기 속 은행의 새로운 기회

첫째, 준비금 관리와 수탁 관리(커스터디custody)입니다. 스테이블코인 발행사가 보유하는 수천억 달러 규모의 준비금은 은행 입장에서 매력적인 고객 자산입니다. 실제로 USDC를 발행하는 서클은 준비금을 미국의 주요 은행 계좌와 단기 국채를 통해 운용하고 있으며, 그 과정에서 은행은 커스터디와 계좌 관리 수수료를 안정적으로 얻습니다.

둘째, 국채 브로커리지brokerage입니다. 테더와 서클이 대규모 미국 국채를 매입하면서 은행은 브로커로서 새로운 수익 기회를 확보했습니다. 테더가 2025년 2분기에 보유한 미국 국채는 1,270억 달러로 독일이나 한국의 보유량을 넘어섰는데, 이런 매입 과정에서 은행들은 중개와 유동성 공급 역할을 하며 상당한 수익을 거두고 있습니다.

셋째, 결제 네트워크 통합입니다. 은행은 기존의 SWIFT, 카드 네트워크와 더불어 스테이블코인 레일을 보완적 수단으로 도입할 수 있습니다. JP모건은 이미 자체 결제 네트워크인 JPM 코인을 활용해 기업 고객 간 실시간 결제를 처리하고 있으며, 일부 거래에서는 스테이블코인을 정산 수단으로 시험하고 있습니다. 은행이 스테이블코인을 결제 옵션으로 붙이면 주말과 공휴일에도 중단 없는 결제를 제공할 수 있고, 이는 기업 고객의 회사 자금을 관리하고 결제 일정을 조율하는 재무 관리(트레저리treasury) 효율성을 크게 높여줍니다.

넷째, 파생상품과 구조화상품 개발입니다. 스테이블코인은 안정적인 기초자산으로 간주될 수 있기 때문에 이를 담보로 한 대출, 파생상품, 구조화채권 등 새로운 상품을 설계할 수 있습니다. 은행은 기존의 자본 시장 경험을 활용해 스테이블코인 생태계에 맞는 금융상품을 공급하며, 그 과정에서 새로운 수수료 수익을 얻습니다.

물론 은행이 이 모든 기회를 잡기 위해서는 규제와 회계 기준이 명확히 뒷받침되어야 합니다. 스테이블코인이 제도권으로 편입되지 않는다면, 은행은 고객 보호와 자본 규제 문제 때문에 섣불리 손을 뻗기 어렵습니다. 그러나 미국과 유럽이 발행사에 대한 규제의 틀을 점차 마련하면서 은행은 점점 더 적극적으로 이 시장에 뛰어들 수 있는 환경을 얻고 있습니다.

따라서 스테이블코인이 은행을 무너뜨린다는 이야기는 은행이 어떤 노력을 하느냐에 따라 다른 결과를 낳을 수 있습니다. 단기적으로는 일부 예금이 빠져나가는 부정적 효과가 나타날 수도 있습니다. 그러나 은행이 준비금 관리, 국채 브로커리지, 결제 네트워크, 파생상품 개발을 통해 새로운 수익원을 만든다면 스테이블코인은 오히려 은행에 기회가 될 수 있습니다. 결국 은행이 스스로를 전통적인 예대마진 구조에 묶어둘 것인지, 아니면 디지털 달러 인프라의 핵심 파트너로 변모할 것인지가 성패의 관건입니다.

지갑을 먼저 가진 자가 시장을 지배한다

카카오페이, 네이버페이, 토스 같은 간편결제 서비스 simple payment service는 이미 수천만 명의 사용자가 씁니다. 이들은 이미 '지갑'을 들고 다니는 셈입니다. 스마트폰 속에 있는 간편결제 앱이 바로 그 지갑입니다.

이 지갑이 스테이블코인을 담을 수 있다면 어떤 일이 벌어질까요? 해외 송금이나 여행 결제에서 수수료를 크게 줄이고 속도를 빠르게 할 수 있습니다. 예를 들어 일본에서 네이버페이로 QR코드 결제를 하던 경험과 크게 다르지 않게, 뒷단의 정산 과정만 스테이블코인으로 바꾸면 됩니다. 사용자는 달라진 것을 느끼지 못하지만, 돈은 더 싸고 빠르게 이동합니다.

또 한 가지 장점은 포인트입니다. 지금처럼 포인트 적립은 그대로 두고, 뒤에서 정산할 때만 스테이블코인을 쓰면 복잡한 회계 문제도 피하면서 국제 정산의 효율을 얻을 수 있습니다.

핵심은 이미 많은 사용자를 보유하고 있다는 점입니다. 새로운 고객을 비싼 광고로 끌어올 필요 없이, 스테이블코인을 '숨은 엔진'처럼 붙이면 됩니다. 단, 스테이블코인은 환불이나 분쟁 처리에 약하다는 단점이 있습니다. 그래서 일정 기간 돈을 보관하거나 제3자가 중재하는 방식으로 소비자 보호 장치를 더하면 신뢰를 유지할 수 있습니다.

보이지 않는 곳에서 시작된 정산 혁명

한국은 세계적으로 카드 결제가 가장 활발한 나라 중 하나입니다. 전체 결제에서 카드가 차지하는 비중이 압도적으로 높고, 편의성도 매우 좋습니다. 그래서 카드사와 PG사가 당장 소비자 결제를 스테이블코인으로 완전히 대체할 가능성은 작습니다.

하지만 정산 구조를 보면 이야기가 달라집니다. 국경을 넘어 돈이 오갈 때는 시간이 오래 걸리고 수수료가 비쌉니다. 이때 소비자 앞단의 결제 경험은 그대로 두고, 뒤에서 정산할 때만 스테이블코인을 활용하도록 프로세스를 바꾸면 속도와 비용이 크게 개선됩니다. 소비자는 기존과 동일한 화면에서 동일한 방식으로 카드 포인트를 받고 할부를 이용하지만, 카드사와 PG사의 운영 효율은 높아지는 것입니다.

예를 들어 해외 직구 쇼핑몰이나 구독형 콘텐츠처럼 국경을 넘나드는 결제가 많은 업종부터 시도해볼 수 있습니다. 다만 스테이블코인에는 '차지백chargeback'이라는 분쟁 환불 기능이 없다는 문제가 있습니다. 따라서 카드사와 PG사가 이 기능을 직접 흉내 내는 제도(예: 보험, 에스크로escrow, 중재 센터)를 마련한다면, 오히려 경쟁력이 될 수 있습니다. 소비자 보호를 보장하면서 비용까지 줄일 수 있기 때문입니다.

만약 대응이 늦어진다면 어떻게 될까요? 글로벌 간편결제 서비스나 해외 PG사들이 한국 가맹점 시장을 흡수할 수도 있습니다. 반대로 대응이 빠르다면, 카드사와 PG사는 더 낮은 비용으로 새로운 고객을 끌어올 기회를 잡을 수 있습니다.

● ● ●

스테이블코인은 금융의 질서를 다시 쓰고 있습니다. 은행은 예금을 잃는 대신 준비금 관리와 결제 인프라에서 새 수익원을 찾고, 카드사와 PG사는 정산 효율을 무기로 글로벌 경쟁력을 높이고 있습니다. 간편결제사는 이미 손안의 '지갑'을 디지털 달러로 확장하며 생활 속 변화를 이끌고 있습니다.

위기와 기회는 언제나 한 몸입니다. 스테이블코인은 전통 금융의 수익 구조를 흔들지만, 동시에 더 빠르고 효율적인 네트워크를 만들 기회를 제공합니다. 따라서 금융은 무너지는 것이 아니라 다시 태어나는 중입니다. 그리고 그 무대의 조명은 이제 글로벌 금융사들로 향하고 있습니다.

14

누가 돈의 길목을
지배할 것인가

실험이 끝나고, 산업이 시작됐다

스테이블코인은 더 이상 암호화폐 거래소의 실험 도구가
아닙니다. 이제는 비자, JP모건, 페이팔, 스트라이프 같은 전
통 금융·핀테크 거인들이 본격적으로 뛰어든 산업의 중심
축이 됐습니다. 그저 '새로운 것을 시도해보자'가 아니라 기
존 수익 모델의 한계, 고객의 기대 변화, 인프라 비용 압박,

스테이블코인, 이미 시작된 돈의 미래

규제 명확화 등의 요인이 한꺼번에 작용했기 때문입니다

　고객들은 이미 낮은 수수료, 즉시 송금, 연중무휴 가용성이라는 스테이블코인의 장점을 경험했습니다. 디지털 달러는 이제 '가상자산'이 아니라 검증된 금융상품이 됐습니다. 금융사들의 질문은 하나로 요약됩니다.

　'어떤 영역에서, 어떤 리스크를 감수하며, 어떤 모델로 수익을 낼 것인가?'

카드는 그대로, 돈의 길이 달라졌다

　비자와 마스타카드는 전 세계 결제 네트워크의 상징입니다. 하지만 2024년 기준, 스테이블코인으로 결제된 금액이 이미 비자와 마스타카드의 결제액을 넘어섰습니다. 비자와 마스타카드의 기존 구조는 느리고 복잡합니다. 한 건의 해외 결제가 매입사·발급사·은행을 거치며 며칠씩 지연되고, 수수료도 만만치 않습니다.

　이에 비자는 USDC를 이용한 정산 실험을 시작했습니다. 예를 들어 싱가포르 상점이 미국 고객에게 판매했을 때, 전통 방식으로는 정산하는 데 2~3일이 걸리지만 스테이블코인을 이용하면 몇 분 이내에 완료됩니다. 비자의 전략은 '사용자 경험은 유지하되, 백엔드back-end 인프라만 교체하는 것'입니다. 즉, 소비자는 여전히 카드를 사용하지만, 결제망 내부에서는 스테이블코인이 오갑니다.

이로써 카드사는 기존 수익 모델(인터체인지 수수료interchange fee)을 유지하면서도 정산 효율성을 확보합니다. '스스로를 잠식하지 말라Don't cannibalize yourself'라는 내부 원칙 아래, 초기엔 국가 간 B2Bbusiness to business 정산부터 도입해 리스크를 최소화하고 있습니다.

결제 회사가 은행이 되다

스트라이프는 온라인 결제의 표준이자 수백만 개발자가 이용하는 글로벌 PG입니다. 이제 스트라이프는 스테이블코인을 기본 옵션으로 내장한 대시보드를 제공합니다.

전통 결제에서는 환전 수수료와 송금 지연이 문제가 됐는데, 스트라이프의 스테이블코인 계좌는 100여 개국에서 실시간 정산을 지원합니다. 그 덕분에 필리핀의 프리랜서가 미국의 클라이언트에게 USDC로 대금을 받으면 수수료는

1퍼센트 미만, 송금 시간은 몇 분에 불과합니다.

2024년에는 인프라 기업 브리지Bridge와 프리비Privy를 잇따라 인수하며, 자체 스테이블코인 계좌 시스템을 구축했습니다. 스트라이프는 이제 PG가 아니라 '디지털 달러 은행'에 가까운 형태로 진화하고 있습니다.

돈을 붙잡는 플랫폼의 비밀

페이팔은 2023년 자체 스테이블코인 PYUSD를 출시했습니다. PYUSD는 달러 예금·단기 미 국채·현금성 자산으로 1:1 담보가 되며, 고객 간 송금과 전자상거래 결제를 즉시 처리할 수 있습니다. 그 목적은 명확합니다.

첫째, 사용자를 플랫폼에 오래 붙잡아 두는 것입니다.

둘째, 외부 결제망(은행·카드사)에 지불하는 수수료를 줄이는 것입니다.

셋째, 준비금 운용으로 이자 수익을 창출하는 깃입니다.

페이팔은 이용자가 수억 명에 달합니다. 이들이 지갑 내에서 PYUSD로 송금하면 은행 수수료는 제로에 가깝고, 결제는 즉시 처리됩니다. 페이팔은 그동안 준비금으로 보유한 미국 국채에서 안정적인 이자 수익을 얻습니다. 이 구조는 고객에게 편리함을 제공하고, 회사에는 새로운 수익원이 되어줍니다.

블록체인으로 옮겨간 은행

JP모건은 소매가 아닌 도매 금융 시장(B2B)을 겨냥해 JPM 코인을 만들었습니다. 이는 허가형 블록체인 네트워크에서 운용되는 토큰화된 예금입니다.

기업 고객은 글로벌 자금 관리에서 주말이나 공휴일마다 결제 지연으로 불편을 겪어왔습니다. 하지만 JPM 코인을 이용하면 법인 계좌 간 송금이 실시간으로 이뤄지고, 증권 결제도 DvPdelivery versus payment 방식으로 즉시 처리됩니다. JP모건은 하루 약 10억 달러 규모의 결제를 이 시스템으로 처리하고 있으며, 이는 기존 은행 인프라를 토큰화 금융 시스템으로 전환하는 시작점입니다.

스테이블코인, 이미 시작된 돈의 미래

지금, 돈의 질서가 바뀌는 이유

이처럼 서로 다른 전략은 모두 같은 배경에서 나왔습니다.

첫째, 고객 요구의 변화입니다. 국가 간 결제에서 '즉시성·저비용·항시 가동'은 이제 필수 기능으로 자리 잡았습니다.

둘째, 수익 압박입니다. 카드사는 수수료 하락 압력, 은행은 예대마진 축소로 수익성이 악화됐습니다. 징산과 준비금 운용의 효율화가 마지막 남은 해법입니다.

셋째, 규제 명확화입니다. 2025년 미국에서 지니어스 법안이 통과되면서 스테이블코인 발행사에 1:1 달러 준비금, 재무공시, 감사 의무를 부과하는 연방 차원의 규제 틀이 마련됐습니다. 이 법은 스테이블코인을 '결제용 디지털 달러'로 인정했으며, 이와 함께 글로벌 금융사들의 진입이 가속화됐습니다.

넷째, 신규 수익원 창출입니다. 발행사와 금융기관은 준비금으로 보유한 단기 국채에서 연 4퍼센트 이상의 이자를 얻고 있습니다. 스테이블코인은 이제 기술을 넘어 수익형 금융상품이 된 셈입니다.

누가 돈의 길목을 지배할 것인가

소매 부문에서는 채널을 가진 자가 강자입니다. 비자와 마스타카드는 글로벌 가맹점망, 스트라이프는 개발자 생태계, 페이팔은 수억 명의 사용자라는 저마다의 강점을 보유하고 있습니다. 이들은 기존 비즈니스 모델을 유지한 채 스테이블코인을 효율을 증폭하는 엔진으로 붙이고 있습니다.

반면 도매 부문에서는 은행이 우위를 점합니다. 규제 라이선스와 대차대조표를 가진 은행, 즉 예금은 부채로, 대출은 자산으로 인식해서 그것을 기반으로 결제·정산·유동성 관리를 수행할 수 있는 금융기관인 은행은 토큰화된 예금을 통해 기업 고객을 묶어두고 있습니다.

이 두 세계는 결국 국가 간 B2B 결제에서 만날 것으로 예상할 수 있습니다. 예를 들어 글로벌 전자상거래 기업은 소비자에게 받은 USDC를 은행 네트워크로 이체해 운용하거나 증권 결제에 활용합니다. 그 과정에서 카드사, PG사, 은행이 모두 연결됩니다.

스테이블코인, 이미 시작된 돈의 미래

성장은 늘 대가를 요구한다

내부 위험은 자기잠식cannibalization입니다. 카드사가 스테이블코인 직접 결제를 도입하면 기존의 주 수입원이었던 인터체인지 수수료 수익이 줄고, PG사 역시 카드 매출이 감소합니다. 따라서 이들은 기존 매출을 덜 침해하는 국가 간 B2B 정산 등 제한적 영역에서부터 도입해 리스크를 관리합니다.

외부 위험은 규제와 소비자 보호입니다. 환불, 사기 방지, 자금세탁 방지 등에 관한 표준을 누가 먼저 확립하느냐가 보급 속도를 결정합니다. 기술적 리스크로는 온·오프램프 병목, 브리지 해킹, 체인 혼잡이 있으며 이를 해소하기 위해 멀티체인 지원과 가스비gas fee(거래나 명령 실행에 필요한 네트워크 사용료) 대납 같은 사용자 친화적 보안장치가 확대되고 있습니다.

• • •

전통 금융사의 스테이블코인 전략은 서로 달라 보이지만, 결국 같은 질문에 답하고자 하는 시도입니다.

'고객이 원하는 속도·비용·가용성을 우리가 가진 채널과 라이선스·대차대조표 안에서 어떻게 구현할 것인가?'

비자는 정산 구조를, 스트라이프는 결제 인프라를, 페이팔은 생태계를, JP모건은 자본 효율을 재설계하고 있습니다. 속도와 신뢰, 개방성과 규제 적합성의 균형을 가장 잘 잡는 주체가 주도권을 쥘 것입니다.

15 골든타임을 놓치면
사라질 한국 금융

한국 금융, 마지막 골든타임에 서다

　스테이블코인은 더 이상 남의 나라 이야기가 아닙니다. 한국의 금융사들도 정산 효율, 해외 결제, 수수료 절감이라는 현실적 목표 아래 본격적으로 움직이고 있습니다. 기존의 결제망이 가진 한계, 빠르게 변하는 고객의 기대 그리고 정부의 제도화 신호가 동시에 맞물리며 '지금이 아니면 늦는다'는 절박함이 금융권 전반에 흐르고 있기 때문입니다.

돈의 길을 단축시킨 카드사

한국의 대표 카드사들은 스테이블코인을 더 이상 낯선 기술이 아니라 해외 결제 효율을 높여줄 현실적 도구로 보기 시작했습니다. 지금까지 해외에서 카드를 사용하면, 원화가 달러를 거쳐 현지 통화로 바뀌는 복잡한 환전 구조가 자동으로 작동해왔습니다. 이 과정에서 글로벌 카드 네트워크가 중간 정산을 담당하면서 2~3일의 지연이 발생했고 1~2퍼센트 수준의 수수료가 자연스럽게 더해졌습니다.

스테이블코인을 활용하면 이야기가 완전히 달라집니다. 예를 들어 원화 기반 스테이블코인(KRW1)으로 결제하면, 해외 가맹점에서는 이를 현지 통화 스테이블코인(예: USDC)으로 즉시 변환해 정산할 수 있습니다. 환전 단계가 사라지고, 정산 시간은 '2~3일'에서 '몇 초'로 줄어듭니다.

카드사들은 자체 발행에 나서기보다는 글로벌 네트워크나 국내 은행과의 협업 방식을 선호합니다. 소비자가 느끼는 신뢰를 지키면서 규제 리스크를 최소화해야 하기 때문입니다. 결국 카드사가 추구하는 길은 새로운 화폐를 만드는 것이 아니라 이미 존재하는 결제망을 더 빠르고 더 저렴하게 만드는 것입니다.

이 변화가 가져올 파급효과는 가장 먼저 소비자의 금융생활에서 나타날 가능성이 큽니다. 해외여행을 갈 때 환전이 필수 사항이 아니고 카드 해외 승인 문자가 뜨는 순간 정산이 사실상 끝나니, 환율 변동에 따른 불필요한 비용도 줄어듭니다. 무엇보다 그동안 비자·마스타카드가 소정의 수수료를 취하던 정산 구조가 일부 재편되면 소비자는 더 낮은 해외 결제 수수료를, 한국 카드사들은 더 높은 해외 결제 수익성을 확보할 여지도 생깁니다.

즉, 스테이블코인은 결제의 '속도'를 바꾸는 기술에 그치지 않고 그 속도에서 누가 수익을 가져가는가를 다시 나누는 기술이기도 합니다.

K-커머스로 세계를 잇는 PG사

PG사는 소비자와 가맹점 사이에서 결제를 중개하는 '보이지 않는 허브'입니다. 그런데 K-뷰티, K-패션, 게임처럼 해외 매출 비중이 큰 온라인 가맹점들은 오래전부터 정산 지연과 높은 외화 송금 수수료로 어려움을 겪어왔습니다. 해외 소비자의 결제가 국내 기업의 계좌로 실제 입금되기까지 며칠씩 걸리는 일도 드물지 않았습니다.

스테이블코인을 활용하면 이 구조가 크게 달라집니다. PG사가 외화 결제망을 통과할 필요 없이 즉시 송금·정산을 처리할 수 있기 때문에 가맹점은 판매와 거의 동시에 대금을 회수할 수 있습니다. 판매 기업의 현금흐름이 안정되면 생산·물류·마케팅까지 연결된 전 과정이 가벼워지고, 이런 변화는 규모가 작은 온라인 판매자나 개인 창작자에게도 해외 진출의 문턱을 낮춰줍니다.

PG 산업은 그동안 제한된 마진 구조 속에서 높은 기술 투자와 운영비를 감당해야 했지만, 스테이블코인은 이 구조를 바꿀 중요한 계기가 되고 있습니다. 기존에는 카드사, 은행, 글로벌 결제망이 가져가던 수수료 중 일부를 PG사가 직접 확보할 수 있기 때문입니다. 정산 속도가 빨라지면 거래량도 자연스럽게 증가하고, PG사는 중개자에서 한 단계 나아가 정산 인프라의 핵심 주체로 역할이 확장됩니다.

결국 PG사의 길은 분명합니다. '한국 전자상거래를 세계로 연결하는 다리'가 되는 것입니다. 스테이블코인은 그저 비용을 줄이는 기술이 아니라 K-콘텐츠의 해외 판매를 확대하고 한국 전자상거래의 경쟁력을 높여주는 새로운 수출 인프라로 자리 잡고 있습니다.

디지털 신뢰를 지탱하는 은행

은행은 스테이블코인 논의에서 '신뢰의 근본'을 담당합니다. 은행이 준비금을 보관하고 상환을 보증한다면 소비자는 훨씬 더 안심할 수 있습니다.

은행의 전략은 '속도'보다는 '안정성'에 있습니다. 민간 핀테크가 혁신의 앞단을 맡는 동안 은행은 발행, 준비금, 상환이라는 기초 신뢰를 책임집니다. 핀테크가 사용성을, PG사가 효율을 담당한다면 은행은 느리지만 그 모든 신뢰를 받쳐주는 '안전한 발행자'의 역할을 맡게 될 가능성이 큽니다.

이 역할은 국내 시장에만 머물지 않습니다. 해외 은행들처럼 스테이블코인 기반 송금 네트워크에 직접 참여한다면, 은행 간 실시간 B2B 결제에서 스테이블코인을 사용할수 있습니다. 그러면 해외 송금에 들어가던 기존 비용의 상당 부분이 줄어들고, 기업 고객들은 더 빠르고 저렴한 글로벌 결제 인프라를 이용할 수 있습니다.

나아가 은행이 주도하는 토큰화 금융상품이 등장한다면 상황은 더욱 달라집니다. 집합투자증권, 예금성 자산, 단기 금융상품 등이 온체인 기반으로 전환되면서 은행은 보관·유통·상환 전 과정을 책임지는 새로운 수익원을 확보할 수 있습니다. 토큰화는 단순한 기술이 아니라 은행이 다시금 금융의 중심에 설 기회를 열어주는 변화이기도 합니다.

은행은 늘 그랬듯 조심스럽고 느리지만, 바로 그 점이 디지털 머니 시대에 필요한 신뢰의 기반이 됩니다. 스테이블코인은 은행에 새로운 위험이 아니라 잃어버렸던 디지털 경쟁력을 되찾을 기회가 될지도 모릅니다.

일상 속으로 더 가까이 핀테크 기업

핀테크 기업들은 이미 국민의 일상에서 수천만 명의 고객을 확보하고 있습니다. 이제 이들은 '스테이블코인으로 생활을 바꾸는' 체감형 서비스를 준비하고 있습니다. 이미 사용자 지갑을 보유하고 있다는 점에서 스테이블코인은 핀테크 기업들에 자연스럽고도 매력적인 확장 기회가 됩니다.

이 변화는 단독으로 일어나지 않습니다. 핀테크 기업들은 은행 및 거래소와의 협력 구조를 기반으로, 원화 스테이블 코인 유통의 전면에 나설 준비를 하고 있습니다. 소비자가 새로운 기술을 접할 때 가장 먼저 만나는 창구가 되겠다는 의미입니다.

핀테크 기업의 수익성에도 변화가 생깁니다. 스테이블코 인을 보관하고 원화로 바꾸거나, 다시 원화에서 스테이블 코인으로 전환하는 과정에서 발생하는 온·오프램프 수수료 는 새로운 수익원이 됩니다.

한편, 국민 입장에서는 이전보다 훨씬 더 단순하고 가벼 운 금융 생활을 누릴 수 있습니다. '카드 없이' 핀테크 앱 하 나로 환전·송금·투자·쇼핑이 모두 이어지는, 이른바 국민 지갑all-in-one wallet을 경험할 수 있습니다. 통장이나 카드를 따로 챙기지 않아도, 지갑만 있으면 금융 생활을 할 수 있는 환경이 마련되는 것입니다.

이런 변화는 편의성을 넘어 금융 포용성의 확대로 이어 집니다. 금융 서비스 접근이 제한적이었던 사용자들에게도 새로운 기회가 열리고, 일상의 금융이 더 많은 사람에게 자연스럽게 스며들게 됩니다.

정책이 시장을 열 때

이 움직임은 제도 변화와 정책적 기회를 기반으로 합니다. 2025년 여름, 정부는 추경을 통해 국민 1인당 약 30만 원의 민생지원금을 지급했습니다.

이 상황을 놓고 한 가지 가정을 해보겠습니다. 만약 이 자금이 디지털 원화digital won 스테이블코인 형태로 지급된다면 어떤 일이 벌어질까요?

한국은 단 하루 만에 세계 3위 스테이블코인 발행국으로 도약할 수 있습니다. 핀테크 입장에서는 이 지원금이 곧 '마케팅 비용이 0원인 고객 확보 이벤트'가 됩니다. 정부가 대신 지갑을 깔게 하고, 코인을 배포하며, 결제 경험을 강제하기 때문입니다. 이로써 수천만 명의 사용자가 한 번에 디지털 화폐 생태계로 들어오게 됩니다.

한국형 디지털 머니, 누가 주도할 것인가

한국형 스테이블코인을 만들어갈 주체들

구분	역할	대표 기업	전략 방향
카드사	해외 결제 효율화	현대카드, 신한카드, 삼성카드	글로벌 네트워크 협업, 수수료 절감
PG사	정산 속도, 수출 경쟁력	이니시스, KSNET, 토스페이먼츠, 다날, 헥토	해외 정산 간소화, K-전자상거래 지원
은행	발행 관리, 준비금 관리	신한은행, 우리은행, 케이뱅크	신뢰 기반 발행, 제도화 중심
핀테크	사용자 접점, 온보딩	네이버페이, 카카오페이, 토스	체감형 서비스, 대규모 확산

결국 이 네 주체는 서로 다른 영역을 담당하면서도 하나의 목표, 즉 '한국형 스테이블코인 결제망'을 구축하려 하고 있습니다. 혁신의 속도와 신뢰를 담보하는 규제의 균형이 중요합니다.

- **규제 리스크**: 발행 주체의 법적 지위가 불분명하고, 회계·감사 기준이 정해지지 않았습니다.
- **기술 리스크**: 온·오프램프 병목, 멀티체인 혼잡, 사이버 보안 이슈가 상존합니다.

- **시장 리스크**: 민간 발행 경쟁이 과열되면 신뢰 없는 '유 사 코인'이 난립할 위험이 있습니다.

서클의 CEO는 한 매체와의 인터뷰에서 "규제가 더 많은 기회를 만든다"라는 의견을 밝혔습니다. 한국에서도 스테이블코인이 규제를 통해 제도화될수록 시장이 성장할 토대가 마련될 것입니다.

• • •

한국 금융사의 스테이블코인 진입은 이미 시작됐습니다. 카드사는 정산 구조를, PG사는 전자상거래를, 은행은 신뢰의 구조를 그리고 핀테크는 사용자 경험을 다시 쓰고 있습니다. 각각 다른 지점에 집중하지만 모두가 하나의 방향, 즉 새로운 디지털 금융 질서로 모이고 있습니다.

스테이블코인은 단순한 신기술이 아닙니다. 한국의 금융 생활, 금융 산업, 정책 환경 그리고 국제 경쟁력 전체를 다시 설계하는 구조적 기술입니다. 결제는 더 빠르고 더 저렴해지고, 금융사는 잃어버렸던 수익원을 되찾을 기회를 가지게 되며, 핀테크는 한 단계 더 폭넓은 역할을 맡는 새로운 금융

플레이어가 됩니다. 국민의 금융 생활 역시 환전의 불편함에서 벗어나고 더 낮은 수수료와 더 투명한 거래, 더 빨라진 서비스로 옮겨가게 됩니다.

결국 누가 '속도와 신뢰' 그리고 '혁신과 규제'의 균형을 가장 정교하게 잡아내느냐가 관건입니다. 그 균형을 잡는 선택이 향후 10년 한국 금융의 경쟁력을 결정할 것입니다. 지금 이 시기는 단순한 전환점이 아니라 한국 금융이 디지털 머니로 다시 태어날 수 있는 마지막 골든타임입니다. 오늘의 선택이 한국 금융의 다음 세대를 만들어낼 것입니다.

1달러의 약속이 깨진 날

2023년 3월 어느 날, 미국 실리콘밸리은행이 파산한다는 뉴스가 쏟아졌습니다. 다음 날 새벽, USDC 가격은 1달러에서 0.87달러까지 곤두박질쳤습니다. 이유는 단순했습니다. 서클이 보유한 400억 달러 준비금 중 약 33억 달러가 실리콘밸리은행 계좌에 묶였다는 사실이 알려졌기 때문입니다. '1USDC = 1달러'라는 약속이 흔들리자, 단 하루 만에 수십억 달러 규모의 환매 요구가 쏟아졌습니다.

이 순간 투자자들의 불안은 온라인 커뮤니티와 SNS에서 그대로 드러났습니다. 한 스타트업 창업자는 "직원들 월급을 USDC로 지급하려고 했는데, 가치가 10퍼센트 넘게 하락했다. 하루 만에 회사 운영이 마비될 뻔했다"라고 토로했습니다. 한 개인 투자자는 "아이 학비를 지불하려고 모아둔 돈이 순식간에 줄어드는 걸 지켜볼 수밖에 없었다"라고 적었습니다. 테라·루나 사태 때 전 재산을 날린 경험이 있던 일부 투자자는 또다시 같은 일이 반복되는 게 아니냐며 패닉에 빠졌습니다.

며칠 후 미국 정부가 은행 예금을 보증하면서 가치가 다시 회복됐지만, 이 사건은 스테이블코인이 결코 무적의 화폐가 아니라는 사실을 세계에 각인시켰습니다.

디페깅은 스테이블코인의 고질적 리스크입니다. '달러에 고정돼 있다'는 약속은 간단해 보이지만 그 뒤에는 발행사의 준비금 운용, 은행 계좌 안정성, 시장의 신뢰라는 복잡한 조건들이 얽혀 있습니다. 그중 하나의 고리라도 흔들리면, 가치가 1달러에서 이탈하는 순간이 찾아옵니다. 2022년 테라·루나 사태에서는 알고리즘 방식으로 가치를 유지하던 UST(달러에 묶은 테라의 코인)가 순식간에 무너졌습니다. 180억 달러 규모의 스테이블코인이 단 며칠 만에 0에 수렴했고, 글로벌 암호화폐 시장 전체가 패닉에 빠졌습니다. 최종적으로 수많은 투자자가 전 재산을 잃었고, 각국 규제 당국은 "스테이블코인은 더 이상 실험이 아니라 시스템 리스크"라고 단언하기 시작했습니다.

디지털 금고가 뚫리는 순간

보안 리스크 역시 스테이블코인의 발목을 잡습니다. 2021년 이후 크로스체인 브리지cross-chain bridge를 통한 해킹 피해액은 누적 25억 달러를 넘어섰습니다. 예를 들어 2022년 3월에는 로닌 네트워크Ronin Network가 공격을 받아 6억 달러 이상이 탈취됐는데, 여기에는 스테이블코인도 대규모로 포함돼 있었습니다.

문제는 스테이블코인이 결제와 송금 인프라에 쓰일수록 해커에게 매혹적인 목표가 된다는 점입니다. 은행 강도를 막기 위해 철문과 경비원을 세우듯, 디지털 자산 세계에서는 스마트 계약의 취약점과 네트워크 보안을 관리해야 하는데, 이 지점에서 실패하면 대규모 신뢰 위기로 이어집니다.

붕괴, 그러나 끝나지 않은 믿음

이런 사건들은 공통된 교훈을 남깁니다. 스테이블코인은 신뢰를 기반으로 한다는 점에서 전통 화폐와 같지만, 그 신뢰를 보장하는 메커니즘은 여전히 취약합니다. 전통 은행 시스템에서는 중앙은행이 최종 대출자 역할을 하며 위기를 막지만, 스테이블코인에는 그런 안전망이 없습니다. 발행사의 준비금이 묶이거나 해킹으로 대량 유출이 발생했을 때, 최종적으로 나서서 구제해줄 주체가 존재하지 않습니다.

그럼에도 사람들은 여전히 스테이블코인을 씁니다. 빠르고 저렴하며 세계적으로 통용된다는 장점이 워낙 강력하기 때문입니다. 하지만 시스템 리스크는 이 시장이 성숙해질수록 더욱 중요해집니다. 규제 당국이 투명성, 준비금 구성, 보안 표준을 강력하게 요구하는 이유도 여기에 있습니다. 스테이블코인은 금융의 새로운 인프라로 성장할 잠재력이 크지만, 동시에 작은 균열 하나가 전 세계를 흔들 수도 있을 만큼 취약한 구조이기도 합니다.

스테이블코인의 미래는 이 역설을 어떻게 관리하느냐에 달려 있습니다. '안정된 코인'이라는 이름에 걸맞은 안전망을 만들지 못한다면, 아무리 편리하고 빠르더라도 언제든 신뢰의 붕괴를 맞을 수 있습니다. 신뢰를 지키는 것, 바로 그것이 스테이블코인이 마주한 가장 크고 중요한 도전입니다.

16 드러내야 살고 숨겨야 유지되는
치열한 신뢰 게임

　스테이블코인의 성장은 언제나 '보이지 않는 싸움'과 함께해왔습니다. 표면적으로는 발행사들이 토큰을 늘리고 사용자들이 송금과 결제에 활용하는 단순한 이야기처럼 보이지만, 그 뒤에서는 발행사와 정부 그리고 시장 참여자들이 저마다의 이해관계를 중심으로 신뢰를 협상해왔습니다.

드러내야 신뢰받고, 숨겨야 살아남는다

발행사 입장에서 투명성은 양날의 검입니다. 매일 준비금 내역을 공개하고, 외부 감사의 검증을 받는 것은 신뢰 확보에 도움이 됩니다. 하지만 준비금 구성이나 수익 구조가 낱낱이 드러나는 순간 사업 전략도 노출됩니다. 테더가 오랫동안 준비금 내역을 명확히 공개하지 않았던 것도 이 때문입니다. 반대로 서클은 매달 보고서를 발표하며 '투명성의 모범'을 자처했지만, 은행 파산 사태에 휘말리자 투명성만으로는 충분하지 않다는 사실을 증명했습니다. 투명성은 신뢰의 최소 조건이지 전부는 아니었습니다.

규제는 통제인가, 신뢰의 울타리인가

정부와 규제 당국은 또 다른 계산을 합니다. 규제는 투자자 보호의 문제를 넘어 자국 통화 주권과 금융 안정을 지키기 위한 도구입니다. 따라서 규제의 본질은 '발행사가 내놓는 숫자를 믿을 수 있느냐'가 아니라 '그 숫자를 강제로 지키게 할 장치가 있느냐'입니다. 각국이 준비금 1:1 의무화, 월

별 보고, 갑작스러운 환매 요구에 대응할 유동성 규칙 등을
마련하는 이유가 바로 여기에 있습니다. 신뢰를 개인 기업
의 약속이 아니라 제도라는 틀 안에 묶어두려는 것입니다.

숫자보다 빠른 본능적 체감의 신뢰

시장 참여자는 또 다릅니다. 사용자들은 준비금 보고서보
다 체감 경험을 우선시합니다. '송금한 스테이블코인이 5분
만에 도착했는가', '1달러 그대로 교환할 수 있었는가'라는
체감적 신뢰가 가장 강력합니다. 그러나 역설적으로, 위기
가 닥치면 시장은 냉정하게 움직입니다. USDC가 0.87달러
로 떨어졌을 때 수십억 달러가 단숨에 빠져나간 것이 그 예
입니다. 평소에는 편리함을 믿지만, 위기가 닥치면 오직 눈
앞의 안전만 믿는 것이 시장입니다.

이 싸움은 앞으로도 끝나지 않을 것입니다. 발행사는 투
명성을 늘리려 하면서도 수익성을 지켜야 하고, 정부는 규
제의 울타리를 치되 혁신을 완전히 꺾지는 못합니다. 시장
은 평온할 때는 신뢰를 주지만, 위기 때는 가장 먼저 등을
돌립니다. 세 주체가 서로 다른 계산법을 들고 같은 무대에

　　　　　　　　　스테이블코인, 이미 시작된 돈의 미래

서 신뢰를 두고 줄다리기를 하는 것입니다.

• • •

스테이블코인의 가치는 발행사가 내놓는 숫자에 달린 것이 아니라 발행사·정부·시장이라는 세 주체가 만들어내는 신뢰의 균형에 달려 있습니다. 발행사가 아무리 투명성을 강조해도 정부가 제도적 안전망을 마련하지 않으면 신뢰는 흔들립니다. 정부가 강력한 규제를 내세워도 사용자가 실제 편리함을 느끼지 못하면 그 규제는 유지되기 어렵습니다. 결국 승자는 준비금 규모가 가장 큰 곳도, 규제가 가장 강한 곳도 아닙니다. 세 주체 모두에게 동시에 신뢰를 얻는 발행사만이 시장에서 살아남습니다.

스테이블코인은 기술이 아니라 신뢰의 문제라는 사실이 다시 한번 드러납니다. 그리고 그 신뢰는 발행사와 정부, 시장 사이에서 끊임없이 협상이 이뤄지는 유동적인 자산입니다. 바로 이 지점이 스테이블코인을 둘러싼 가장 치열한 싸움이며, 미래의 화폐 질서를 결정지을 진짜 전장입니다.

블록체인의 빛과 그림자

블록체인은 한마디로 '신뢰를 기록하는 기술'입니다. 누구도 마음대로 바꿀 수 없는 장부를 전 세계가 동시에 나눠 가지고 있다는 점에서, 그동안 은행이나 정부만 할 수 있었던 일을 분산된 네트워크가 대신한다고 할 수 있습니다. 그러나 이 혁신에는 전력 소비 문제가 그림자처럼 드리워져 있습니다.

특히 비트코인은 거래를 승인하기 위해 수많은 컴퓨터가 동시에 복잡한 퍼즐을 풀어야 하는데, 이 과정에서 엄청난 전력이 소모됩니다. 연구에 따르면 비트코인 네트워크의 연간 전력 소비는 아르헨티나나 네덜란드 같은 나라 전체가 쓰는 전력량과 맞먹습니다. 그저 돈을 주고받는 데 드는 비용치고는 지나치게 크다는 비판을 피하기 어렵습니다.

그렇다고 모든 블록체인이 같은 것은 아닙니다. 최근에는 에너지 효율을 극적으로 개선한 방식이 등장했고, 대표적인 사례가 바로 스테이블코인입니다. 스테이블코인은 비트코인처럼 전기를 무한히 쓰는 방식이 아니라 훨씬 효율적인 시스템 위에서 돌아갑니다.

스마트 계약과 똑똑한 기후 대응

스마트 계약은 '조건이 충족되면 자동으로 실행되는 계약'입니다. 사람의 손을 거치지 않아도 정해진 약속이 지켜지기 때문에 기후 대응 분야에서 투명성과 책임성을 높일 잠재력이 큽니다.

예를 들어 어떤 기업이 '올해 탄소 배출을 20퍼센트 줄이겠다'고 약속했다고 합시다. 기존 방식이라면 정부가 보고서를 검토하고, 시간이 지난 뒤에야 벌금이나 보상이 결정됩니다. 하지만 스마트 계약이 적용되면 이야기가 달라집니다. 탄소 배출량이 센서로 실시간 기록돼 블록체인에 올라가고, 목표를 달성하면 자동으로 세금 감면 혜택이 주어집니다. 반대로 초과 배출 시에는 즉시 벌금이 부과됩니다. '말뿐인 약속'을 실시간으로 지켜보게 하는 것입니다.

연구자들은 이미 블록체이이 탄소 배출권 거래, 재생에너지 인증, 지속 가능한 공급망 추적 같은 영역에서 실질적 도움을 줄 수 있다고 보고 있습니다. 예컨대 태양광 발전소의 전력 생산량을 실시간으로 기록하고, 그 데이터에 따라 보조금이 자동 지급되는 구조를 만들 수 있습니다. 소비자는 자신이 구매한 원재료가 환경친화적으로 생산됐는지 블록체인으로 직접 확인할 수 있습니다. 이런 시스템은 '친환경 제품'이라는 라벨을 신뢰할 수 있게 하므로 친환경 시장을 키우는 힘이 됩니다.

스테이블코인은 왜 에너지를 덜 쓰는가

스테이블코인은 달러나 원화 같은 기존 화폐와 연결되기에 가격 변동이 적습니다. 무엇보다 중요한 점은 스테이블코인이 돌아가는 방식 자체가 에너지를 덜 쓴다는 사실입니다.

비트코인 같은 PoW 방식은 수많은 컴퓨터가 경쟁하듯 문제를 풀어야 하지만, 스테이블코인이 주로 쓰는 PoS 방식은 단 몇 개의 노드만 참여해도 거래를 승인할 수 있습니다. 이 차이만으로도 전력 소비는 수백, 수천 배 차이가 납니다.

실제로 이더리움은 2022년 '더 머지The Merge'라는 큰 전환을 통해 PoW에서 PoS로 넘어갔으며, 그 결과 네트워크 전체의 전력 소비가 99.9퍼센트 이상 줄었다고 보고했습니다. 이전에는 원자력 발전소 여러 기가 동시에 돌아가야 할 정도의 전기를 썼다면, 지금은 대형 건물 몇 개가 사용하는 수준으로 줄어든 것입니다.

숫자로 봐도 차이가 확연합니다. PoW 시절 이더리움 네트워크는 약 5.13기가와트를 사용했는데, PoS로 바뀐 뒤에는 약 2.62메가와트 수준으로 감소했습니다. 단위가 '기가'에서 '메가'로 줄었으니, 거의 1,000배 가까운 절약 효과입니다. 반면 비트코인은 여전히 연간 수백 테라와트시를 쓰고 있어, 중형 국가 전체 전력과 맞먹는 수준을 소비합니다.

에너지 논쟁은 숫자로만 들으면 감이 잘 오지 않는데, 생활 속 비유로 풀어보면 이렇습니다. 비트코인 네트워크에서 거래 하나를 처리하는 데 필요한 전력은 세탁기 1대를 주 5회씩 5년 동안 돌릴 때 쓰는 전기와 비슷하다는 분석이 있습니다. 반면 PoS 기반 스테이블코인은 휴대전화 1대를 1회 충전하는 정도에 불과합니다. 같은 '돈 거래'라도 전기 요금 고지서에 찍히는 부담이 전혀 다른 겁니다.

또 다른 비교도 가능합니다. 비트코인 전체 네트워크는 아르헨티나나 네덜란드 전체 국가 전력망에 해당하는 수준으로 전기를 쓰고 있습니다. 반면 스테이블코인은 대규모 데이터센터 하나가 쓰는 정도로 그치기 때문에 기후 위기에 끼치는 영향이 훨씬 적습니다.

친환경 블록체인을 향한 노력

시장은 이미 변화하고 있습니다. 여러 블록체인 프로젝트가 에너지 절약을 위해 다양한 방법을 시도합니다.

- **재생에너지 활용:** 일부 프로젝트는 태양광이나 풍력 발전 전력을 직접 노드 운영에 사용합니다.
- **효율적 하드웨어:** 새로운 서버와 장비는 같은 거래를 더 적은 전기로 처리할 수 있게 설계됩니다.
- **오프체인 처리:** 모든 거래를 블록체인에 올리지 않고, 필요한 것만 기록하는 방식으로 에너지를 줄입니다.
- **탄소 중립 선언:** 운영에서 발생한 탄소만큼 탄소 배출권을 구매하거나, 아예 초과로 상쇄하여 탄소 음수 상태를 만들려는 프로젝트도 있습니다.

일부에서는 스마트 그리드smart grid와 연결하기도 합니다. 태양광 패널에서 생산된 전기를 블록체인으로 추적해, 전력이 남을 때는 자동으로 가격을 낮추고 부족할 때는 분산 공급하는 방식입니다. 이는 전기 낭비를 줄이고 재생에너지 활용도를 높이는 실제적 수단입니다.

스테이블코인, 이미 시작된 돈의 미래

사회적·정치적 함의

블록체인의 에너지 문제는 흔한 기술 논쟁이 아닙니다. 기후 위기는 전 세계적 합의를 필요로 하는 의제인데, 블록체인이 여기에 참여할 수 있다는 점은 큰 의미가 있습니다.

예를 들어 COP(유엔기후변화협약 당사국총회)에서 190여 회원국은 탄소 배출을 어느 정도 줄이겠다고 선언합니다. 잘 알려진 예가 2015년의 파리협정입니다. 하지만 이런 약속이 지켜지는지는 시민들이 알기 어렵습니다. 그런데 블록체인에 기록된다면, 약속이 말뿐인지 실제로 행동으로 옮겨졌는지를 누구나 확인할 수 있습니다. 사회적 합의가 말이 아니라 데이터로 증명되는 셈입니다.

한국 국민에게도 이는 중요한 문제입니다. 한국은 OECD 국가 중 재생에너지 비중이 작은 편에 속하기 때문에 블록체인이 친환경 합의에 기여한다면 그 의미는 더 커질 수 있습니다.

논쟁의 양면성과 미래 시나리오

그렇다고 해서 블록체인이 곧바로 '친환경 화폐'로 인정받는 것은 아닙니다. 여전히 비트코인처럼 전기를 많이 쓰는 체계도 존재하며, 전 세계가 블록체인으로 돈을 쓰면 전력망이 감당할 수 있겠느냐는 우려도 있습니다.

하지만 반대로 '만약 모든 결제가 스테이블코인 위에서 돌아간 다면?'이라는 상상도 해볼 수 있습니다. 은행 간 송금보다 빠르고, 국제 결제도 투명하며, 전력 소모도 최소화된 체계를 만들 수 있다는 뜻입니다. 미래에는 월급, 세금, 대출, 심지어 전기요금까지 모두 블록체인 기반 스마트 계약으로 자동 처리되는 사회가 올 수도 있습니다.

블록체인은 기술적으로는 중립적입니다. 그러나 어떻게 설계되고 어디에 쓰이느냐에 따라 기후 위기를 해결하는 희망의 도구가 될 수도 있고, 또 다른 에너지 괴물로 남을 수도 있습니다.

중요한 사실은 스테이블코인이 다른 블록체인보다 훨씬 적은 전력을 쓴다는 점입니다. 에너지 효율적인 합의 방식 덕분에 환경 부담을 크게 줄였고, 특히 스마트 계약은 기후 대응의 투명성과 책임성을 높이는 새로운 길을 열어주고 있습니다.

우리는 이제 선택의 기로에 서 있습니다. 블록체인을 친환경 혁신의 무대로 만들지, 아니면 전기 먹는 괴물로 남길지는 우리 사회의 결정에 달려 있습니다.

STABLECOIN

17

기업의 창과
투자자의 방패

2026년 스테이블코인은 투자자와 기업 모두에게 빼놓을 수 없는 선택지가 됐습니다. 그러나 이를 바라보는 시선에는 차이가 있습니다. 투자자는 '내 자산을 안전하게 지키거나 불릴 수 있는가'에 초점을 두고, 기업은 '내 거래를 더 빠르고 저렴하게 할 수 있는가'를 따집니다. 같은 스테이블코인을 두고도 서로 다른 질문을 던지는 셈입니다.

안전자산으로서의 가치

투자자에게 스테이블코인은 더 이상 가상자산의 보조 수단이 아닙니다. 미국 국채 금리가 4~5퍼센트에 이르는 환경에서 발행사는 준비금을 운용해 막대한 수익을 거둡니다. 투자자는 이 구조를 주목합니다. 준비금으로 이자를 챙기는 것은 발행사지만, 그 안정성이 담보되지 않으면 토큰 가치 자체가 무너집니다. 테라·루나의 붕괴, USDC 디페깅, 각종 해킹 사건은 투자자들에게 '스테이블코인은 안전하지 않을 수도 있다'는 교훈을 남겼습니다. 따라서 현명한 투자자라면 발행사의 준비금 구성, 감사 보고서, 규제 준수 여부를 꼼꼼히 살펴야 합니다. '달러에 고정돼 있다'는 문구를 무턱대고 믿는 것은 위험합니다.

효율성과 확장성의 무기

기업에 스테이블코인은 효율성의 도구입니다. 다국적 기업은 자회사 간 자금 이동에 며칠씩 걸리던 시간을 몇 분으로 줄일 수 있습니다. 필리핀의 콜센터 운영사는 미국 본사

스테이블코인, 이미 시작된 돈의 미래

에서 스테이블코인으로 급여를 송금해 인건비 지출을 절감했습니다. 멕시코의 수출 업체는 미국 바이어에게 스테이블코인으로 결제를 받아 은행 수수료 없이 즉시 현지 통화로 환전했습니다. 기업은 이런 장점을 활용해 비용을 줄이고 글로벌 경쟁력을 확보합니다. 그러나 동시에 기업 재무팀은 새로운 리스크 관리 과제를 떠안습니다. 환율 변동성은 줄었지만, 발행사 리스크와 규제 불확실성은 늘어났습니다.

한국 기업에 열린 새로운 문

삼성전자와 같은 수출 중심의 대기업은 국가 간 송금과 정산을 스테이블코인으로 처리함으로써 효율을 크게 높일 수 있습니다. 미국에 거주하는 한국인은 급여를 달러 스테이블코인으로 받아 한국의 가족에게 손쉽게 송금할 수 있습니다. 한국 기업들도 글로벌 진출 과정에서 달러 스테이블코인을 수취할 수 있도록 결제 채널을 확보한다면, 새로운 시장 기회를 만들 수 있습니다. 이런 흐름 속에서 투자자는 안전한 발행사를 고르는 데서 그치지 않고, 스테이블코인을 활용해 해외 확장을 모색하는 기업에 주목해야 합니

스테이블코인의 명암

구분	기회의 문이 열리는 곳	위기의 그림자가 덮치는 곳
핵심 대상	수출 중심 대기업, 글로벌 기업 (예: 삼성전자, 현대차, 다국적 IT 기업)	내수 중심 중소기업, 영세 자영업자 (은행 대출 의존도가 높은 경제 주체)
변화의 흐름	중개자 불필요: 복잡한 국제 송금망(SWIFT) 대신 스테이블코인 네트워크로 직접 전송	중개 기능 약화: 자금이 은행 예금에서 코인으로 이동하며 은행의 자금 중개 기능(대출 여력) 약화
구체적 득실	비용/시간의 혁신 • 송금 수수료 최대 90% 절감 • 송금 시간 단축 (3일 → 3분) • 환율 변동 리스크 관리 용이	자금줄의 경색 • 은행의 대출 한도 축소 • 대출 금리 상승 및 심사 강화 • 운영 자금 조달 난항
결론	효율성과 속도의 수혜자	금융 양극화의 잠재적 피해자

다. 글로벌 경쟁 환경에 빠르게 대응하는 기업일수록 장기적 성장 동력을 확보할 가능성이 크기 때문입니다.

물론 부정적인 측면도 있습니다. 스테이블코인이 광범위하게 쓰이면 은행의 예금 기반이 줄어들고, 그 결과 대출 여력이 축소될 수 있습니다. 특히 자영업자나 중소기업처럼 은행 대출에 크게 의존하는 경제 주체들이 가장 먼저 타격을 받을 수 있습니다. 금융 시스템 차원에서 스테이블코인의 확산은 대기업과 글로벌 기업에는 기회가 되지만, 내수 기반의 중소기업과 자영업자에게는 새로운 부담 요소가 될 수 있습니다.

신뢰를 설계한 자만이 기회를 갖는다

투자자와 기업 모두에게 중요한 것은 '신뢰할 수 있는 발행사'를 고르는 일입니다. 준비금이 충분히 안전한 자산으로 구성돼 있는지, 외부 감사가 정기적으로 이루어지는지, 위기 시 환매를 보장할 수 있는지를 확인해야 합니다. 이는 단순한 체크리스트가 아니라 생존의 문제입니다. 기업이 수억 달러 규모의 결제를 스테이블코인으로 처리했는데 발행사가 위기에 빠져 환매가 중단된다면 기업이 직접적으로 피해를 봅니다. 투자자 역시 전 재산을 안전자산으로 옮겼다고 믿었다가 하루아침에 손실을 볼 수 있습니다.

결국 투자자와 기업의 관점에서 스테이블코인은 기회이자 리스크입니다. 기회는 분명합니다. 자산을 더 유연하게 지키고, 거래를 더 효율적으로 만들며, 글로벌 시장에서 더 빠른 속도로 움직일 수 있습니다. 하지만 그 모든 것은 발행사와 규제 그리고 시장 신뢰라는 세 기둥으로 확고히 받쳐져야 합니다. 이 균형이 무너지면 기회는 곧 위기로 바뀝니다.

$$\bullet\ \bullet\ \bullet$$

스테이블코인은 투자자와 기업 모두에게 새로운 선택의 시험대가 됐습니다. 스테이블코인은 '달러에 고정된 토큰'을 넘어 신뢰를 어떻게 설계하느냐에 따라 가치가 갈리는 자산입니다. 투자자는 안전한 발행사를 고르는 눈으로, 기업은 더 빠르고 효율적인 거래망을 설계하는 손으로 이 시장에 참여하고 있습니다.

그러나 기회는 언제나 리스크라는 그림자를 동반합니다. 준비금의 투명성, 규제의 안정성, 시장의 신뢰라는 세 축이 흔들리면 스테이블코인은 한순간에 기회에서 위기로 바뀝니다.

결국 누가 더 신뢰할 만한 구조 위에 서 있느냐가 생사를 가릅니다. 그리고 그 신뢰를 먼저 설계한 자가 새로운 화폐 질서의 주인이 될 것입니다.

스테이블코인, 이미 시작된 돈의 미래

18

스테이블코인 시대를 살아가는 개인의 전략

새로운 화폐와 달라지는 개인의 위치

돈의 역사가 바뀔 때마다 개인의 삶도 달라졌습니다. 조개껍데기가 돈이던 시절에는 조개껍데기를 가진 사람이 부자였고, 금이 돈이던 시절에는 금을 가진 나라가 세계를 주도했습니다. 20세기 이후 달러가 중심이 되면서 전 세계 시민들은 원하든 원하지 않든 달러 경제에 편입됐습니다.

이제는 그 달러가 디지털 달러, 스테이블코인이라는 새로운 형태로 다가오고 있습니다. 만약 당신의 월급, 대출, 소비가 모두 스테이블코인으로 이뤄진다면 어떤 변화가 생길까요? 해외 송금 수수료는 줄어들고, 거래 속도는 빨라지며, 국경이라는 벽은 낮아집니다. 그러나 동시에 미국을 중심으로 한 달러 경제에 더 깊이 종속될 가능성도 커집니다. 달러 강세, 원화 약세가 고착화되면 국부의 유출을 막기 어렵습니다. 이 변화는 기회이자 위기입니다. 개인은 이 흐름을 피할 수 없기에 적응 전략을 준비해야 합니다.

영어, 새로운 금융 리터러시

불편한 진실 하나를 먼저 짚고 넘어가야 합니다. 스테이블코인 시대가 본격화되면, 개인은 영어라는 언어 능력을 새로운 금융 리터러시로 삼아야 합니다.

대부분의 블록체인 프로젝트와 관련 문서는 영어로 작성됩니다. 서비스 약관, 투자 위험 고지, 새로운 기능 안내까지 영어로 먼저 나오고 번역은 늦게 제공됩니다. 세계 최대의 커뮤니티와 개발자 포럼에서도 영어로 대화합니다. 영어를 이해하지 못한다면 중요한 정보에서 뒤처질 수밖에 없습니다.

예를 들어 새로운 스테이블코인 관련 서비스가 출시됐을 때 공지는 SNS나 개발자 블로그에 영어로 올라옵니다. 영어를 알지 못한다면 '왜 내 지갑이 갑자기 업데이트됐는지', '내 돈이 어떻게 안전하게 보관되는지'를 이해하지 못해 불안해질 수도 있습니다. 영어를 이해하는 사람은 빠르게 적응하고 기회를 잡지만, 그렇지 못한 사람은 변화를 두려움으로만 느끼게 됩니다.

또한 스테이블코인이 확산되면 글로벌 소비자 시장에 접근하기가 쉬워집니다. 미국의 온라인 쇼핑몰, 유럽의 디지털 서비스, 동남아 스타트업의 구독 상품을 스테이블코인으로 결제하는 시대가 열리면 영어 사용은 필수적입니다. 나아가 미국이나 글로벌 기업에서 일할 기회도 늘어나므로, 영어는 잘하면 좋고 못해도 그만인 외국어가 아니라 생존의 도구가 됩니다.

스테이블코인 활용법, 첫걸음에서 응용까지

개인이 스테이블코인을 직접 활용하려면 어떻게 해야 할까요?

첫 번째는 지갑 만들기입니다. 은행에서 통장을 만들듯, 블록체인에서는 지갑을 만들어야 합니다. 모바일 앱을 설치하고 간단한 인증 절차를 거치면 나만의 디지털 지갑이 생깁니다. 지갑 주소는 은행 계좌번호처럼 돈을 주고받는 출발점입니다.

두 번째는 스테이블코인 구입하기입니다. 국내외 거래소를 통해 원화나 달러로 스테이블코인을 살 수 있습니다. 거래소에서 '입금 → 환전 → 전송' 절차를 거치면 지갑에 디지털 달러가 들어옵니다.

세 번째는 보관하기입니다. 스테이블코인은 지갑 앱 안에 안전하게 저장됩니다. 다만 비밀번호와 복구 문구는 절대 잊어서는 안 됩니다. 이는 금고 열쇠와 같아서 잃어버리면 자산을 찾을 방법이 없습니다. 해킹의 위험이 있기 때문에 반드시 손으로 적어서 안전한 곳에 보관해야 합니다.

네 번째는 전송과 결제입니다. 친구에게 돈을 보내거나

해외 서비스 비용을 결제할 때, 지갑 주소만 알면 몇 초 만에 전송할 수 있습니다. 은행 점검 시간이나 주말 휴무 같은 제약은 없습니다. 비유하자면, 카카오톡으로 메시지를 보내듯 손쉽게 돈을 보낼 수 있습니다. 과거에는 해외 송금에 며칠씩 걸렸지만, 이제는 '카톡 보내듯 돈을 보낸다'는 말이 현실이 됐습니다.

마지막은 스테이킹staking하기입니다. 스테이킹은 쉽게 말해 '돈을 잠시 은행에 맡겨두고 이자를 받는 것'과 비슷합니다. 다만 은행이 아닌 블록체인 네트워크가 보상을 줍니다. 일상에 빗대어 설명하자면, 친구에게 집에 있는 소파를 일정 기간 빌려주고 그 대가로 간식을 받는 것과 같습니다. 내가 쓰지 않는 돈을 네트워크에 맡겨두면, 그 대가로 작은 보상을 얻는 방식입니다. 이런 점에서 스테이킹은 새로운 저축 방식이자 디지털 시대의 '돈놀이'라고도 할 수 있습니다.

나의 첫 번째 스테이블코인 일상

서울에 사는 30대 직장인 김 씨는 최근 월급 일부를 스테이블코인으로 받기 시작했습니다. 해외 출장이 잦은 터라 은행 송금 수수료와 환전 수수료가 부담이 됐기 때문입니다.

김 씨는 지갑 앱을 설치한 뒤, 월급의 20퍼센트를 USDC로 바꿔두었습니다. 출장비를 결제할 때는 바로 USDC로 결제해 수수료를 절약했고, 남은 돈은 스테이킹을 통해 소소한 보상도 받았습니다. 예전 같았으면 은행 창구를 들락날락하며 시간을 허비했겠지만, 이제는 손안의 앱으로 모든 것을 해결합니다.

또 다른 사례도 있습니다. 대학생 이 씨는 해외 교환학생 준비를 하며 기숙사비를 스테이블코인으로 송금했습니다. 은행을 거치면 며칠이 걸리고 수수료도 비쌌지만, 지갑에서 몇 번의 클릭만으로 바로 결제가 완료됐습니다. 이 씨는 "마치 온라인 게임 아이템을 구매하듯 돈을 보냈어요"라고 말했는데 스테이블코인의 편리함을 잘 보여줍니다.

스테이블코인과 개인의 기회

스테이블코인은 그저 돈을 보관하는 도구가 아니라 개인에게 전혀 새로운 기회를 열어주는 창구가 됩니다. 해외 온라인 쇼핑몰에서 물건을 사는 일을 예로 들어보겠습니다.

지금까지는 해외 결제를 하려면 복잡한 카드 인증 절차와 높은 수수료를 감수해야 했습니다. 하지만 스테이블코인을 사용하면 이런 장벽이 사라집니다. 아마존이나 넷플릭스, 스포티파이 같은 글로벌 서비스에 직접 접근해 손쉽게 결제할 수 있습니다.

일자리 시장에서도 새로운 길이 열립니다. 전 세계 프리랜서 플랫폼에서는 이미 개발자, 디자이너, 번역가들이 국경을 넘어 일하고 있습니다. 이들이 받는 보수는 과거에는 은행으로 송금됐지만, 이제는 스테이블코인으로 즉시 받을 수 있습니다. 미국 기업이 한국인 디자이너에게 일을 맡기고 대금을 스테이블코인으로 보내주면, 몇 초 안에 돈이 들어오는 시대가 열린 것입니다.

투자 기회 역시 달라집니다. 과거에는 해외 기업이나 프로젝트에 직접 투자하기 어려웠지만, 스테이블코인은 개인이 국경을 넘어 투자할 수 있게 해줍니다. 글로벌 스타트업이나 블록체인 프로젝트에 소액으로 참여할 수 있고, 거래소를 통해 다양한 자산도 접할 수 있습니다. 스테이블코인은 개인을 좁은 지역 경제에서 꺼내 전 세계와 연결된 거대한 경제 공간으로 옮겨줍니다.

이런 기회들은 모두 '일상에서의 비유'로 이해할 수 있습니다. 스테이블코인은 당신이 해외여행을 갈 때 항상 들고 다니는 만능 환전 카드와 같고, 프리랜서에게는 전 세계 고용주와 직접 연결되는 다리와 같습니다. 투자자에게는 마치 넓은 바다로 이어지는 출구처럼, 닫혀 있던 시장을 열어주는 열쇠가 됩니다.

스테이블코인 시대가 오면 우리는 글로벌 달러 경제에 더 깊이 들어갈 가능성이 큽니다. 그만큼 영어와 디지털 금융 이해력이 개인 생존의 핵심 역량이 됩니다. 따라서 개인은 세 가지를 준비해야 합니다.

첫째, 영어로 된 정보에 익숙해질 것.

둘째, 스테이블코인을 실제로 사용하는 법을 배울 것.

셋째, 이 기술이 바꿀 산업 지형을 이해할 것.

이 세 가지가 결합될 때, 스테이블코인 시대는 위기가 아니라 새로운 기회의 장이 될 것입니다.

새로운 돈의 길목에서 성장하는 비즈니스

스테이블코인의 확산은 개인만의 문제가 아닙니다. 기업

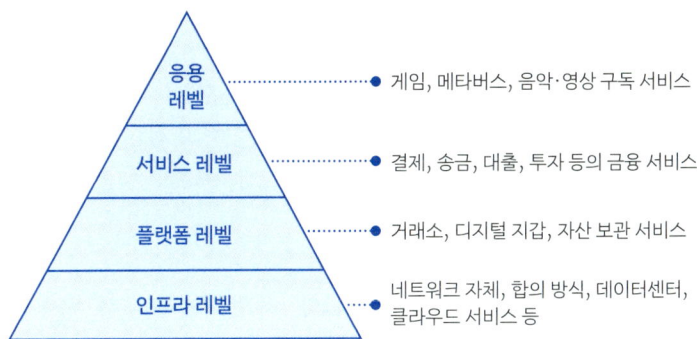

스테이블코인으로 확장되는 산업 영역

응용 레벨 ·················· 게임, 메타버스, 음악·영상 구독 서비스

서비스 레벨 ·················· 결제, 송금, 대출, 투자 등의 금융 서비스

플랫폼 레벨 ·················· 거래소, 디지털 지갑, 자산 보관 서비스

인프라 레벨 ····· 네트워크 자체, 합의 방식, 데이터센터, 클라우드 서비스 등

들에도 새로운 성장 기회를 제공합니다. 이를 이해하기 위해 산업을 나눠서 살펴볼 수 있습니다.

첫 번째 층은 인프라 레벨입니다. 인프라는 도로와 전기망 같은 기본 시설에 해당합니다. 블록체인 세계에서는 네트워크 자체, 거래를 승인하는 합의 방식, 이를 운영하는 데이터센터와 클라우드 서비스가 인프라입니다. 스테이블코인이 널리 쓰이면 거래량이 늘어나고, 그만큼 이 인프라를 운영하는 기업들이 가장 먼저 성장합니다.

두 번째 층은 플랫폼 레벨입니다. 인프라 위에 올라탄 기차역이나 톨게이트 같은 곳입니다. 거래소, 디지털 지갑, 자산 보관 서비스가 여기에 속합니다. 개인이 스테이블코인을 사고 보관하려면 반드시 이런 플랫폼을 거쳐야 하므로, 거래소와 지갑 회사들은 스테이블코인의 확산으로 직접적인 혜택을 보게 됩니다. 거래소는 마치 공항과 같아서 세계를 오가는 모든 사람과 돈이 반드시 거쳐야 하는 관문이 됩니다.

세 번째 층은 서비스 레벨입니다. 인프라와 플랫폼 위에서 실제로 돌아가는 생활 서비스들입니다. 결제, 송금, 대출, 투자 같은 금융 서비스가 대표적입니다. 스테이블코인을 활용하면 해외 송금을 더 빠르고 저렴하게 할 수 있고, 대출이나 투자도 간편하게 처리할 수 있습니다. 이런 서비스를 제공하는 기업들은 스테이블코인의 확산과 함께 성장할 수밖에 없습니다. 이 레벨은 마치 도로와 역 위에서 달리는 버스나 기차처럼, 사람들을 실제로 움직이고 연결하는 역할을 합니다.

마지막은 응용 레벨로, 최종 소비자들이 직접 체감하는 영역입니다. 게임, 메타버스, 음악·영상 구독 서비스가 여기에 속합니다. 스테이블코인으로 게임 아이템을 사거나 전 세계 어디서든 같은 가격으로 음악과 영화를 즐길 수 있다면, 이런 응용 서비스들은 글로벌 시장에서 더욱 빠르게 성장할 수 있습니다. 다만 경쟁이 치열하고 변동성이 크기 때문에 성장 기회와 위험이 동시에 존재합니다. 응용 레벨은 마치 도로 위를 달리는 자전거, 자동차, 트럭처럼 다양하고 빠르게 변하는 영역입니다.

이처럼 스테이블코인의 확산은 발행사인 서클 같은 특정 회사에만 영향을 주는 것이 아닙니다. 도로에 해당하는 인프라 기업, 역과 톨게이트 역할을 하는 플랫폼 기업, 그 위에 올라탄 금융 서비스 그리고 게임이나 콘텐츠 같은 응용 서비스까지 모두 영향을 받습니다. 투자자는 이 전 과정을 구조적으로 바라보고, 어디에서 가장 큰 성장이 일어날지를 고민해야 합니다. 스테이블코인은 산업 전체에 파급력을 미치며, 개인에게도 기업에도 새로운 경제 지형을 열어가고 있는 것입니다.

달러 강세 시대에 내 자산 지키기

2025년에 원/달러 환율이 1,400원대 전후에 머무르며 달러 강세가 장기화될 조짐을 보이고 있습니다. 미국의 견조

한 성장, 금리 차이 그리고 글로벌 자금의 달러 자산 선호가 복합적으로 작용하고 있기 때문입니다. 덧붙여 스테이블코인의 성장은 발행사의 단기 미국 국채 매입에 활용되거나 기존 원화 결제를 달러 기반 스테이블코인이 대체하기 때문에 달러 수요 증가로 이어져 달러 강세와 원화 약세가 지속되게 할 수 있습니다. 이런 상황에서 개인이 취할 수 있는 현실적인 전략은 다음과 같습니다.

첫째, 달러 자산 비중을 점검하고 헤지 전략을 세우는 것입니다. 달러 강세 및 원화 약세를 예상하고 자산 관리 전략을 수립할 필요가 있습니다. 예컨대, 일부를 달러 예금이나 달러 스테이블코인 또는 달러 표시 채권으로 분산하면 환율 리스크를 줄일 수 있습니다.

둘째, 비트코인과 RWAreal-world assets(실물 자산 토큰화) 같은 새로운 자산군을 이해하는 것입니다. 스테이블코인은 태생적으로 온체인 자산을 사고팔기 위해 생겨났습니다. 스테이블코인의 성장은 비트코인뿐만 아니라 RWA의 성장을 촉진할 확률이 높습니다. 비트코인은 '디지털 금'으로 불리며, 달러 강세·약세 주기와 무관하게 독립적인 가치 저장 수단으로 기능할 가능성이 있습니다. 반면 RWA는 부동산, 채권,

스테이블코인, 이미 시작된 돈의 미래

미술품 같은 실물 자산을 블록체인으로 연결해 안정성과 수익성을 동시에 추구합니다. 이런 자산군은 스테이블코인 생태계가 확장될수록 활용 범위가 확대될 것입니다.

스테이킹과 이자 농사로 투자 방식의 확장

스테이블코인 시대에 자산 활용은 '보유'하는 것을 넘어 효율적으로 굴리는 방법으로 확대되고 있습니다.

- **스테이킹**: 일정 기간 암호자산을 네트워크에 예치하고 보상을 받는 방식으로, 비교적 안정적인 수익을 거둘 수 있습니다.
- **유동성 채굴**liquidity mining: 거래소나 프로토콜에 유동성을 제공해 거래 수수료나 토큰을 보상받는 구조입니다. 다만 변동성이 큰 페어fair(교환을 위해 묶은 조합)에서는 손실 위험이 있습니다.
- **이자 농사**yield farming: 여러 플랫폼 간 보상을 최적화하며 수익률을 극대화하는 전략으로, 복잡하지만 효율성이 큽니다.

이 세 가지 방식은 모두 '스테이블코인으로 시작해 스테이블코인 너머로 나아가는' 과정이라고 할 수 있습니다. 즉 단순 보유에서 운용으로, 이어 참여로 확장되는 단계입니다.

•••

역사는 늘 새로운 화폐가 등장할 때마다 개인의 행동을 바꿔왔습니다. 조개껍데기에서 금, 금에서 달러, 달러에서 디지털 달러로 이어지는 여정에서 개인이 살아남는 방법은 간단합니다. 변화에 먼저 적응하는 것입니다.

스테이블코인 시대를 살아가는 개인의 전략은 화려하지 않습니다. 영어라는 언어를 익히고, 지갑을 만들고, 디지털 달러를 직접 써보는 것에서 시작합니다. 거기에 달러 강세에 대비한 자산 분산, 비트코인과 RWA에 대한 학습 그리고 스테이킹·유동성 채굴·이자 농사 같은 디지털 자산 운용법을 이해하는 실천이 더해진다면, 개인은 단순한 사용자가 아니라 새로운 금융 질서의 주체로 설 수 있을 것입니다. 이 작은 실천이 모여 미래의 거대한 파도 속에서 나를 지켜주는 안전망이 될 것입니다.

19

중대한 갈림길에 선
대한민국

이미 도착한 미래

스테이블코인은 더 이상 가능성이 아닙니다. 이미 우리 생활 깊숙이 들어와 있습니다. 해외 노동자는 본국 가족에게 송금할 때 은행의 서비스를 활용하는 대신 스테이블코인을 씁니다. 해외 쇼핑몰에서는 신용카드 대신 디지털 달러로 결제하는 사례가 늘고 있습니다. 세계의 금융 시장에서는 스테이블코인이 새로운 표준으로 자리 잡아가고 있습니다.

그런데 한국의 대응은 아직 조심스럽습니다. 정부는 오랫동안 가상자산을 투기 도구로 보아왔고 규제 위주로 접근했습니다. 사고가 터지면 규제를 덧붙이는 방식이 반복됐습니다. 하지만 이렇게만 가다가는 새로운 금융 혁신의 파도에서 뒤처질 수 있습니다.

예를 들어 한국은 가상자산의 파생상품 거래를 규제하고 있습니다. 이로 인해 2025년 1분기만 해도 100조 원 규모의 자금이 해외로 유출됐다는 보도가 있습니다. 국가 경쟁력 강화를 위해 지금 필요한 것은 시각의 전환입니다. 관행처럼 규제를 강화하는 것에서 벗어나 국가 차원에서 전략을 세워야 합니다.

투기 프레임을 넘어 전략 자산으로

한국은 디지털 자산을 그저 위험한 존재로만 다루어서는 안 됩니다. 앞으로 스테이블코인은 결제와 정산의 표준이 될 가능성이 큽니다. 이를 적극 활용해 원화 스테이블코인을 제도화하고, 국내 금융 산업과 실물 경제의 디지털화를

스테이블코인, 이미 시작된 돈의 미래

촉진해야 합니다.

실제로 한국은 이미 세계에서 중요한 가상자산 시장입니다. 세계 거래량에서 한국 원화 시장이 차지하는 비중은 상위권에 오를 정도로 크고, 개인 투자자들의 참여도 활발합니다. 인구 비중은 세계의 1퍼센트에 불과하지만 가상자산 시장에서 차지하는 비중은 약 30퍼센트에 달한다는 통계도 있습니다. 동아시아 전체를 놓고 봐도 한국은 가장 큰 자금 유입국으로 꼽힙니다. 즉, 한국의 시장은 이미 전략 단계를 넘어 실행 단계에 들어서 있다는 뜻입니다.

세계적인 흐름도 비슷합니다. 미국은 2025년에 스테이블코인을 제도권 금융 인프라에 편입하는 법안을 논의했습니다. 발행 주체, 감독 체계, 준비금 요건 등을 명확히 정해 스테이블코인을 합법적 금융 자산으로 다루려는 것입니다.

한국 역시 이제는 '위험하니 금지한다'에서 벗어나 '어떻게 제도권 안에서 안전하게 활용할 것인가'라는 질문을 던져야 합니다. 그 답 중 하나가 '원화 스테이블코인과 달러 스테이블코인을 병행 지원하는 전략'입니다.

이미 세계 곳곳에서 '달러 스테이블코인'이 송금·결제의 기본 단위로 쓰이고 있습니다. 이를 무조건 금지하는 것은 시대착오적일 뿐만 아니라 글로벌 시장에서 한국 기업들의 경쟁력 약화를 야기할 수 있습니다. 한국은 자국 통화 기반의 스테이블코인을 제도권에 편입하는 동시에 국내 금융기관이 달러 스테이블코인을 안정적으로 발행·유통할 수 있도록 지원해야 합니다. 그렇게 해야 한국의 기업과 개인이 글로벌 디지털 금융망에서 고립되지 않습니다.

한국이 디지털 경제의 주도권을 확보하려면, 원화 스테이블코인의 제도화를 서두르면서 달러 스테이블코인의 활용 기반을 함께 마련해야 합니다.

교육을 먼저, 규제 완화는 나중에

투자자를 보호하는 가장 좋은 방법은 무조건 막는 것이 아니라 이해할 수 있게 돕는 것입니다. 은행 계좌를 처음 열 때 금융 교육을 받듯이, 이제는 디지털 자산도 기초 교육이 필수적입니다. 예를 들어 지갑을 어떻게 안전하게 관리해야 하는지, 스테이블코인은 왜 가치가 크게 변하지 않는지, 어떤 투자 상품은 왜 위험한지 같은 기본적인 내용을 배울 수 있어야 합니다. 청소년에게 금융 리터러시를 가르치듯,

스테이블코인, 이미 시작된 돈의 미래

디지털 자산 리터러시를 학교 교육이나 성인 대상 프로그램으로 확충해야 합니다.

이런 교육을 받은 투자자라면 위험을 스스로 구분할 수 있고, 국가는 그 전제하에 더 다양한 상품을 허용할 수 있습니다. 2025년 한국에서 가상자산 대출이나 렌딩 서비스가 일시 중단된 사례가 있었습니다. 과열과 피해를 막기 위한 조치였지만, 교육과 이해가 충분했다면 위험 등급에 따라 차등 관리를 할 수 있었을 것입니다. 교육이 먼저 자리 잡아야만 규제 완화도 의미를 가집니다.

합법적 이용처를 국내에 만들어야

원하는 상품을 국내에서 합법적으로 이용할 수 없다면 투자자들은 해외로 나갈 수밖에 없습니다. 실제로 많은 한국 투자자가 파생상품을 거래하기 위해 해외 거래소를 이용합니다. 국내에서는 허용되지 않기 때문입니다. 이렇게 되면 수수료와 세금이 해외로 빠져나가고, 투자자는 규제의 사각지대에서 더 큰 위험을 떠안습니다. 반면 국내에서 일정한 조건을 갖춘 합법적 파생상품 시장을 허용한다면 상황은 달라집니다. 투자자는 안전하게 거래할 수 있고, 국내 경제에는 수익과 고용이 남습니다.

무엇보다 원화 스테이블코인이 거래 쌍(두 개의 비슷한 코인을 묶어서 거래하는 것)으로 사용되면서 원화 스테이블코인의 실질적 수요와 신뢰를 확보할 수 있습니다. 나아가 글로벌 기업이 한국 내에서 달러 스테이블코인을 활용할 수 있다면 국제 거래의 효율성이 크게 높아집니다.

자산의 온체인화 경쟁에서 뒤처지면

스테이블코인은 시작일 뿐입니다. 앞으로는 부동산, 국채, 펀드 지분 같은 실물 자산(RWA)과 금융 자산(STO)이 블록체인 위에서 거래될 것입니다. 이미 미국과 유럽은 RWA와 STO를 적극적으로 제도권에 편입하고 있으며, 홍콩과 싱가포르 역시 경쟁적으로 시장을 키우고 있습니다.

만약 한국이 뒤처진다면, 몇 가지 문제가 발생합니다. 원화 자산이 국제 투자자들에게 외면당하고, 투자자들의 자금이 해외로 빠져나가며, 국가의 금융 인프라가 뒤처집니다.

따라서 한국은 자본시장법을 개정해 STO 발행과 유통을 명확히 규정해야 합니다. 또한 부동산 수익증권, 회사채, 펀드 지분 같은 자산을 소규모로 발행해 실제로 유통해야 합니다. 원화 스테이블코인을 공식 결제 수단으로 삼아야 하며, 글로벌 디지털 결제 네트워크와의 연동을 위해 달러 스테이블코인 활용을 제도권에서 허용하는 방향으로 나아가야 합니다.

디지털 금과 에너지 산업의 기회

스테이블코인이 디지털 현금이라면, 비트코인은 디지털 금입니다. 두 자산은 서로 보완적인 역할을 합니다. 스테이블코인은 거래와 정산을 매끄럽게 하고, 비트코인은 가치 저장과 에너지 산업을 연결합니다.

한국은 재생에너지 발전이 늘면서 잉여 전력과 출력 제한 문제가 생기고 있습니다. 이 전기를 어떻게 활용할 수 있을까요? 해외에서는 부탄과 엘살바도르처럼 국가가 직접 잉여 수력·지열 전력으로 비트코인을 채굴해 국부를 축적하기도 했습니다. 이들은 '잉여 전력을 고부가가치 디지털 자산으로 전환하는 국가 전략'이라는 점에서 대표적인 사례로 꼽힙니다. 한국 역시 데이터센터, AI 연산, 블록체인 해 싱blockchain hashing 같은 산업과 결합해 잉여 전력을 가치로 전환할 수 있습니다.

이렇게 하면 전력망 안정과 산업 수익화를 동시에 노릴 수 있습니다. 남는 전기를 버리지 않고, 새로운 자산으로 바꿀 수 있는 것입니다. 비트코인은 투기 수단이 아니라 유휴 전력을 고부가가치로 만드는 도구가 될 수 있습니다.

●●●

국가는 지금 중요한 기로에 서 있습니다. 가상자산을 투기로만 본다면, 투자자와 산업은 계속 해외로 빠져나가고 한국은 국제 시장에서 뒤처질 것입니다. 그러나 교육을 통해 투자자가 위험을 이해하게 하고, 합법적 시장을 열어주며, 원화 스테이블코인의 제도화를 서두르고 달러 스테이블코인 발행을 지원한다면 이야기는 달라집니다.

스테이블코인은 이미 우리 곁에 와 있습니다. 그 문을 통해 더 많은 자산이 블록체인으로 이동하고 산업과 금융은 재편될 것입니다. 한국이 규제의 나라로 남을 것인지, 전략의 나라로 거듭날 것인지는 지금의 선택에 달려 있습니다.

STABLECOIN

3장
인사이트

안정이라는 약속과 불안의 그림자

스테이블코인은 태생부터 모순을 안고 있었습니다. 이름은 안정적stable이지만, 그 안정은 발행사의 준비금과 시장의 신뢰라는 불안정한 기초 위에 세워졌습니다. 테더와 서클은 준비금을 국채와 현금성 자산에 두고 이자 수익으로 막대한 이익을 거뒀지만, 그 구조는 은행의 보호 장치와 달리 안전망이 없습니다. USDC가 0.87달러까지 떨어졌을 때, 신뢰가 얼마나 빠르게 무너질 수 있는지 우리는 이미 목

격했습니다.

은행과 금융기관은 처음에는 스테이블코인을 위협으로 봤지만, 곧 새로운 기회를 발견했습니다. 준비금 커스터디, 국채 브로커리지, 실시간 결제와 자금 관리. 스테이블코인은 은행의 전통적 역할을 잠식하는 한편 새로운 수익원으로도 작동할 수 있음을 보여주었습니다. 간편결제 제공 업체, 카드사, PG사까지 이 흐름 속에 뛰어들면서 스테이블코인은 기존 금융 인프라와 얽히며 새로운 질서를 만들어가고 있습니다.

그러나 원화 스테이블코인 논쟁이 보여주듯, 발행한다는 사실 자체가 통화 주권을 지켜주지는 않습니다. 관건은 화폐 가치의 안정성과 신뢰입니다. 원화 토큰이 발행된다고 해도 원화의 안정성, 경제 규모, 금융 시장 신뢰가 뒷받침되지 않으면 국제적 쓰임은 제한적일 수밖에 없습니다. 스테이블코인의 패권은 제도화가 아니라 이용자의 수요에 달려 있고, 지금의 글로벌 수요는 달러에 몰려 있습니다.

한국 정부 관점에서는 더 큰 고민이 있습니다. 스테이블코인이 확산되면 화폐를 발행함으로써 정부가 얻는 시뇨리지seigniorage(주조 차익)는 줄고, 원화 대신 달러 스테이블코인이 널리 쓰이면 금리 조정을 통한 경기 부양 효과도 약해집니다. 특히 저금리·저성장 국면에 들어선 한국으로서는 치명적일 수 있습니다. 통화 정책의 실효성이 떨어지고, 국채 수요가 위축되며, 급기야 달러 경제에 종속되는 위험이 현실화될 수 있습니다.

국민과 기업 입장에서는 당장의 이익이 큽니다. 삼성전자 같은 수출 기업은 더 빠른 정산을 경험하고, 해외에 거주하는 한국인은 급여를 달러 스테이블코인으로 받아 송금할 수 있습니다. 스타트업은 글로벌 고객을 상대로 결제를 쉽게 받을 수 있고, 투자자는 이런 기업에서 기회를 봅니다. 그러나 동시에 자영업자나 중소기업은 은행 대출이 위축될 수 있고, 경제 전반이 달러에 종속되는 구조적 불안이 커집니다.

리스크의 본질은 여전히 신뢰의 취약성입니다. 발행사가 준비금을 투명하게 공개하지 않으면 의심이 쌓이고, 규제가 안전망을 마련하지 못하면 불안이 커집니다. 사용자는 평상시에는 편리함을 믿지만, 위기 때는 즉시 등을 돌립니다. 발행사, 정부, 시장이 서로 다른 이해관계를 가지고 신뢰를 협상하는 구조 속에서 스테이블코인은 늘 균형 위에서 있습니다.

투자자와 기업의 시선에서도 기회와 리스크는 분리되지 않고 한 몸처럼 얽혀 있습니다. 자산을 지키기 위해 또는 효율성을 얻기 위해 스테이블코인을 선택하지만, 그것이 기회가 될지 위기가 될지는 발행사의 신뢰, 규제의 틀, 시장의 태도에 달려 있습니다.

3장에서 보여준 메시지는 분명합니다. 스테이블코인은 이미 새로운 금융 인프라의 한 축으로 성장했지만, 그 기반은 여전히 불안정합니다. 발행사와 은행, 규제 당국과 시장이 어떻게 신뢰를 제도화하느냐가 앞으로의 성패를 결정할 것입니다. 원화 스테이블코인을 둘러싼 논쟁과 통화 정책의 한계는 스테이블코인이 기술 문제를 넘어 국가 경제와 주권의 문제로 직결됨을 보여줍니다.

스테이블코인은 안정이라는 약속과 불안의 그림자를 동시에 품고 있습니다. 하지만 신뢰의 미래는 더 이상 사람의 약속이 아니라 코드와 알고리즘이 설계한 약속으로 이동하고 있습니다. 4장에서는 이 기술적 신뢰가 어떻게 '작동하는 돈', '생각하는 돈'으로 진화하는지를 살펴보겠습니다. 신뢰의 재설계는 이미 시작됐습니다.

4장

스테이블코인과
돈의 미래

20 국민의 편리함이 국가의 통제력을 잠식하다

효율을 얻는 국민, 통제력을 잃는 국가

스테이블코인이 본격적으로 도입되면 가장 먼저 변화를 체감하는 쪽은 국민입니다. 해외 송금이 몇 분 만에 끝나고, 수수료가 1퍼센트 미만으로 줄어듭니다. 가족에게 돈을 보내는 이민자, 해외 직구를 즐기는 소비자, 해외 클라이언트와 일하는 프리랜서는 이전과는 비교할 수 없는 편리함을 경험합니다. 달러 스테이블코인이 일상에 자연스럽게 스며드는 순간, 국민에게는 효율성이 곧바로 체감됩니다.

하지만 정부의 시각은 다릅니다. 스테이블코인이 널리 쓰이면 국가 재정과 통화 정책에 예상치 못한 파급효과가 나타납니다. 전통적으로 정부는 통화를 발행하면서 시뇨리지를 얻습니다. 그러나 국민이 원화 대신 달러 스테이블코인을 보관하고 사용한다면, 정부의 주조 수익은 줄어들 수밖에 없습니다. 즉, 통화 발행으로 얻던 숨은 재원이 축소되는 것입니다.

더 큰 문제는 금리 정책monetary policy by interest rate의 실효성이 떨어진다는 점입니다. 정부와 중앙은행은 금리를 내리거나 올림으로써 경기를 부양하거나 과열을 진정시켜 왔습니다. 그러나 경제 주체들이 원화 대신 스테이블코인을 더 많이 보유하면, 금리 조정의 파급력이 줄어듭니다. 특히 이미 저금리·저성장 국면에 들어선 한국에서 이런 변화는 치명적일 수 있습니다. 금리를 낮춰도 소비와 투자가 살아나지 않아 경기를 부양하려는 정책이 힘을 잃을 가능성이 큽니다.

국가부채 문제도 심화될 수 있습니다. 원화의 초과 수요가 없는 상황에서는 정부가 국채를 발행하더라도 이를 받아줄 수요가 얼마나 늘어날지 불확실합니다. 반면 국민은 안정적인 달러 스테이블코인을 선호하게 될 것이고, 이는 한국 정부의 채권 시장에 구조적 압박을 가합니다. 결국 국채 금리가 올라가 부채 부담이 더 커질 수 있습니다.

편리함이 국가 주권을 위협할 때

국민 입장에서 스테이블코인의 보급은 단기적으로 긍정적인 효과가 큽니다. 수출 기업은 해외 바이어로부터 달러 스테이블코인 결제를 받을 수 있고, 해외 거주 한국인은 급여를 달러 스테이블코인으로 받아 손쉽게 한국으로 송금할 수 있습니다. 삼성전자 같은 대기업은 글로벌 거래 정산 시간을 줄여 효율성을 높이고, 스타트업 종사자는 국경 없는 급여 체계를 경험하게 됩니다. 그러나 이런 이익은 결국 달러 경제에 편입되는 대가와 연결됩니다.

한국 정부의 관점에서는 달러 종속이야말로 가장 위험한 지점입니다. 이미 국제 무역과 외환 시장에서 달러 의존도가 높은데, 스테이블코인마저 달러 일변도로 확산되면 한국 경제는 사실상 달러 블록에 종속됩니다. 달러 가치 변동이나 미국의 통화 정책이 그대로 한국 경제에 전이됩니다. 예를 들어 미국이 금리를 급격히 올리면 한국 내 스테이블코인 수요와 환율이 동시에 요동치고, 한국 정부가 대응할 수 있는 정책 여력은 크게 줄어듭니다.

이 위험은 경제 문제를 넘어 주권의 문제로 확장됩니다. 자국 화폐로 세금을 걷고 자국 통화로 재정을 운영하는 능력이 약화된다면, 한국은 독자적인 경기 안정화 정책을 펼치기 어려워집니다. 특히 미국의 제재 정책이나 국제 금융 규제가 스테이블코인 네트워크를 통해 바로 적용된다면, 한국은 원치 않는 정치적·경제적 종속을 경험할 수 있습니다.

스테이블코인의 확산은 국민에게는 효율과 편의를 선사하고 기업에는 글로벌 확장 기회를 주지만, 정부에는 통화 정책의 약화와 재정 여력 축소라는 부담을 안깁니다. 이 균형은 어느 쪽으로도 쉽게 기울 수 없습니다. 국민은 당장의 효율성을 선택하겠지만, 정부는 장기적인 금융 안정을 우려합니다.

스테이블코인, 이미 시작된 돈의 미래

앞으로 한국이 직면할 질문은 분명합니다.

'편리함과 달러 종속 중 어느 쪽에 무게를 둘 것인가.'

스테이블코인을 제도화하더라도, 그 선택의 주도권은 결국 이용자에게 있습니다. 국민과 기업이 원화를 버리고 달러 스테이블코인을 선택하는 순간, 정부는 더 이상 통화 정책 으로 경제를 움직일 수 없게 됩니다. 따라서 한국의 과제는 원화 스테이블코인을 발행할지 말지가 아니라 원화의 신뢰 와 안정성을 지키면서 달러 종속의 위험을 최소화할 방안을 찾는 것입니다.

21 스테이블코인과 CBDC의 공존과 경쟁

두 개의 디지털 화폐가 무대에 오르다

2021년, 중국은 베이징 지하철 일부 노선에서 디지털 위안화 시범 결제를 시작했습니다. 시민들은 휴대전화 앱을 열고 QR코드를 찍어 요금을 지불했습니다. 겉으로는 알리페이나 위챗페이와 다를 바 없어 보였지만, 돈의 정체는 전혀 달랐습니다. 시중은행이 아닌 중앙은행이 직접 발행한 화폐, 바로 CBDC였습니다.

그 무렵 미국과 유럽에서는 민간 발행사들이 내놓은 스테이블코인이 이미 수천억 달러 규모로 성장하고 있었습니다. 신흥국 시민들은 인플레이션을 피하기 위해 스테이블코인을 샀고, 글로벌 기업들은 송금과 결제 효율을 위해 이를 채택했습니다. 이렇게 민간이 만든 디지털 달러와 국가가 만든 디지털 화폐가 동시에 무대 위에 오르면서 질문이 생겼습니다.

'둘은 공존할 것인가, 아니면 경쟁하게 될 것인가.'

국가가 보증하는 신뢰의 CBDC

CBDC는 중앙은행이 발행하므로 디폴트 위험이 없고, 법적 화폐로서 최종 결제력을 갖습니다. 망하지 않고, 어디서든 쓸 수 있는 돈이 된 겁니다. 따라서 정부 입장에서는 통화 정책의 도구를 유지하면서도 결제 효율성을 높일 수 있습니다. 그러나 CBDC는 사용자에게 불편한 질문을 던집니다.

'정부가 모든 거래를 들여다보게 된다면, 우리는 어떤 자

유를 잃게 되는가.'

에스토니아의 기업경제통신부 CIO(최고정보책임자)를 역임한 심 시쿠트Siim Sikkut는 "CBDC는 기술적 혁신이지만, 신뢰를 잃으면 국민은 선택하지 않을 것"이라고 지적했습니다.

불안정을 품고 자유를 얻은 스테이블코인

스테이블코인의 장점은 자유와 개방성에 있습니다. 발행사가 준비금을 보유하는 한 누구든 스마트폰 지갑으로 디지털 달러를 주고받을 수 있습니다. 국경의 장벽을 넘을 수 있고, 주말에도 멈추지 않습니다. 그러나 발행사가 파산하거나 준비금 운용에 실패하면 디페깅 위험이 생기고 최종 보증인이 없다는 점이 약점으로 남습니다.

따라서 두 자산은 서로의 강점이 곧 상대의 약점이 되는 관계입니다. CBDC는 안정적이지만 자유가 부족하고, 스테이블코인은 자유롭지만 안정성이 부족합니다. 흥미로운 점은 이 두 가지가 반드시 경쟁만 하는 것은 아니라는 사실입니다. 실제로 나이지리아, 필리핀 등 일부 국가는 송금 시스템에서 CBDC와 스테이블코인을 혼합해 사용하는 방안을 시험하고 있습니다. 중앙은행은 CBDC로 법적 안정성을 확보하고, 민간은 스테이블코인으로 사용자 경험을 개선하는 식입니다.

공존인가 경쟁인가

앞으로의 경로는 세 가지 시나리오로 나뉠 수 있습니다.

첫째, CBDC가 주도권을 잡아 민간 스테이블코인을 제도적으로 축소시키는 길입니다.

둘째, 스테이블코인이 계속 성장해 CBDC가 보완적 역할로 밀려나는 길입니다.

셋째, 두 자산이 역할을 나누며 공존하는 길입니다.

현재까지의 흐름을 보면, 어느 한쪽이 다른 쪽을 완전히 대체하기보다는 국가와 상황에 따라 균형을 찾는 공존 모델이 될 것으로 예상됩니다.

• • •

미래의 디지털 화폐 질서는 '국가의 신뢰'와 '민간의 편의'

사이에서 조율될 것입니다. 시민과 기업은 안정성과 자유 사이에서 선택을 할 것이고, 각국 정부는 통화 주권과 금융 안정을 확보하면서도 글로벌 자본의 흐름을 붙잡기 위해 전략적 결정을 내려야 합니다. 결국 승자는 기술이 아니라 설득력 있게 신뢰를 설계하는 자가 될 것입니다.

스테이블코인, 이미 시작된 돈의 미래

22 달러 패권의 최종 병기가 된 스테이블코인

미국 국채를 떠받치는 스테이블코인

2024~2025년 공개자료에 따르면, 테더는 약 90~1,270억 달러 규모의 미국 국채를 보유하고 있고, 서클은 약 45~55억 달러 규모의 국채 및 관련 채권을 보유 중입니다. 이들의 준비금은 이제 단순한 기업 자산이 아닙니다. 미국 재무부의 입장에서 보면 안정적인 매입 수요 자체가 됐습니다. 불

과 몇 년 전만 해도 상상하기 힘든 장면입니다. 150명 남짓의 직원으로 운영되는 테더는 이미 독일이나 한국 같은 선진국 정부와 맞먹는 미국 국채 보유자가 됐고, 서클 역시 같은 궤도를 따라가며 미국 금융 시스템의 새로운 동력으로 작용하고 있습니다. 스테이블코인이 단순한 디지털 결제 수단이 아니라 이제는 달러 패권을 떠받치는 기둥이 됐다는 뜻입니다.

민간의 힘으로 더욱 강력해지다

미국의 상황을 보면 이 논리가 더 명확해집니다. 2025년 기준 미국의 국가부채는 34조 달러를 넘어 GDP 대비 120퍼센트를 웃돌고 있습니다. 과거라면 이런 수치는 채권 시장의 불안을 불러왔을 것입니다. 그러나 스테이블코인의 성장은 미국 국채에 새로운 수요를 불어넣었습니다. 발행된 스테이블코인은 모두 안전자산으로 담보되어야 하는데, 그 대부분이 단기 미 국채입니다. 디지털 달러가 커질수록 미국 재무부는 국채를 더 많이 발행할 수 있고, 이는 다시 미국이 고금리·고부채 환경에서도 패권적 지위를 유지할

스테이블코인, 이미 시작된 돈의 미래

수 있는 버팀목이 됩니다.

이 점에서 스테이블코인은 미국이 중국과의 장기 경쟁에서 사용할 수 있는 숨은 무기가 됩니다. 중국은 디지털 위안화와 위안 연동 스테이블코인을 통해 국제 결제에서 달러 의존도를 낮추려 합니다. 그러나 미국은 민간이 발행하는 스테이블코인을 제도 안으로 끌어들이며 오히려 달러의 네트워크 효과를 강화하고 있습니다. 테더와 서클이 발행하는 수천억 달러 규모의 디지털 달러는 곧 미국 국채의 수요처이고, 이는 중국이 감히 건드리기 힘든 미국 패권의 기반이 됩니다. 중국이 아무리 디지털 위안을 확장하려 해도, 달러 스테이블코인의 막대한 네트워크 효과와 국채 수요 효과는 당분간 대체하기 어렵습니다.

규제로 스스로의 발목을 묶은 유럽

유로존 내부의 불균형 문제를 안고 있는 유럽은 스테이블코인을 '통제된 혁신'으로 바라봅니다. MiCA 규제를 통해 발행량을 제한하고 준비금을 엄격히 관리하게 함으로써, 유럽 내 자본이 달러 스테이블코인으로 쏠리는 것을 막으려 합니다. 그러나 한편으로 이런 규제는 유럽의 스테이블코인이 글로벌 표준으로 성장하는 데 장벽이 됩니다. 그 결과 유로화는 여전히 국제 결제와 자산 보유에서 달러에 비해 약세를 면치 못하고 있습니다.

굳게 닫힌 문을 두드리는 디지털 위안

중국의 최근 움직임은 흥미롭습니다. 디지털 위안화가 본토 내 결제와 공공 서비스 영역에서는 성과를 거뒀지만, 국제 무역에서 달러 스테이블코인을 대체하기에는 역부족이라는 현실을 인정한 듯합니다. 2025년 들어 위안화 연동 스테이블코인을 검토하기 시작했습니다. 홍콩을 거점으로 역외 위안CNH 기반 토큰을 발행해 무역 결제에 활용하려는 전략입니다. 그러나 이 역시 자본 통제와 역외 위안의 규모라는 제약 때문에 달러와 대등한 네트워크 효과를 내기에는 시간이 걸릴 수밖에 없습니다.

이처럼 스테이블코인의 등장은 통화 패권 지형에 새로운 파동을 일으키고 있습니다. 미국은 스테이블코인을 통해 국채 수요를 떠받치며, GDP 대비 부채 비율이 높더라도 채권 발행을 지속할 힘을 얻게 됐습니다. 이는 금융 시장의 안정성을 확보하는 차원을 넘어 21세기 정치·경제적 패권 경쟁에서 미국이 우위를 유지하는 숨은 무기이기도 합니다. 중국은 자본 통제와 통화 국제화라는 모순을 동시에 관리해야 하고, 유럽은 혁신과 안정성 사이에서 느리게나마 균형을 찾아야 합니다.

발행보다 중요한 것은 쓰임이다

여기서 한국의 원화 스테이블코인 논의가 던지는 메시지도 분명합니다. 발행 여부가 중요한 것이 아니라 유통과 실사용이 핵심이라는 점입니다. 달러 스테이블코인이 세계 결제와 자산 시장의 99퍼센트 이상을 차지하는 이유는 사용처가 많기 때문입니다. 반면 유로화 스테이블코인은 1퍼센트에도 못 미칩니다. 원화 스테이블코인이 발행된다고 해도 국제적으로 쓸 곳이 없다면 존재감은 미미할 수밖에 없습니다. 발행 자체로는 패권을 만들 수 없고, 실제 사용되는 네트워크가 있어야 화폐의 힘이 생깁니다.

통화 주권 역시 발행 여부로 결정되지 않습니다. 원화가 국제적으로 쓰이려면 스테이블코인 발행보다 먼저 원화 자체의 안정성과 신뢰가 확보되어야 합니다. 원화 가치가 흔들린다면 원화 토큰도 신뢰받기 어렵습니다. 반대로 원화의 신뢰가 강화된다면, 굳이 스테이블코인 형태가 아니더라도 국제적 쓰임새가 늘어날 수 있습니다. 결국 화폐 패권은 토큰의 기술적 형태가 아니라 경제 펀더멘털과 사용자의 선택으로 결정됩니다.

• • •

앞으로의 싸움은 어떤 화폐가 더 많이 쓰이느냐가 아니라 어떤 화폐가 더 설득력 있는 신뢰 구조를 설계하느냐에 집중될 것입니다. 달러 스테이블코인은 이미 미국 국채와 결합해 세계 금융 질서의 심장부에 자리 잡았습니다. 위안 스테이블코인과 유로 스테이블코인이 어떤 길을 택하든, 그들의 첫 번째 과제는 달러가 이미 구축한 네트워크 효과와 부채 유지력을 어떻게 넘어설 것인가입니다. 그리고 그 싸움은 21세기 패권 경쟁의 본질적 장면으로 기록될 것입니다.

스테이블코인, 이미 시작된 돈의 미래

23

2030년,
돈의 세 가지 미래 시나리오

2030년의 화폐 질서는 '스테이블코인이 성공했는가, 실패했는가'라는 이분법으로 설명되지 않을 것입니다. 어떤 지역 또는 어떤 이해관계자에게는 기회가 되고, 다른 이들에게는 도전이 될 것입니다.

첫 번째, 달러 중심의 글로벌 통합 시나리오

미국 달러에 연동된 스테이블코인이 규제와 투명성에서 안정성을 확보하며 국제 결제의 사실상 표준이 되는 미래입니다. 다국적 기업과 신흥국 소비자에게는 이익입니다. 송금·결제 비용이 크게 줄고, 인플레이션이 심한 국가의 시민들은 자산을 보호할 수 있습니다. 그러나 한국과 같은 중견국 입장에서는 달러 스테이블코인 의존도가 높아질수록 통화 정책의 자율성이 줄어듭니다. 자본이 디지털 달러로 빠져나가면, 금리를 조정해도 정책 효과는 약해집니다.

따라서 이 시나리오는 미국과 글로벌 기업에는 낙관적이지만, 달러권 바깥 국가에는 심각한 딜레마를 안깁니다.

두 번째, 각자도생하는 국제 통제 강화 시나리오

반복된 디페깅과 해킹 사건이 시장 신뢰를 흔들고, 각국 정부가 민간 스테이블코인을 강력히 억제하는 미래입니다. 미국은 발행사에 대한 규제를 강화해 은행 수준의 자본 규제를 적용하고, 유럽은 MiCA의 후속 규정을 통해 사실상

스테이블코인, 이미 시작된 돈의 미래

민간 발행을 제한합니다. 아시아 주요국은 CBDC를 본격 도입해 내수 경제를 국가가 직접 관리합니다.

이 시나리오는 각국 정부 입장에서는 통화 주권을 지킬 수 있다는 점에서 '안정적'일 수 있습니다. 그러나 사용자와 기업 입장에서는 국제 송금 비용이 다시 높아지고, 금융 혁신의 속도가 더뎌진다는 점에서 퇴행처럼 느껴질 수 있습니다.

세 번째, 역할을 나눈 다극적 공존 시나리오

스테이블코인과 CBDC가 역할을 나누어 공존하는 구조입니다. 글로벌 무역과 금융 시장의 핵심 결제에는 달러 스테이블코인이 쓰이고, 각국 정부는 복지 지출이나 세금 납부 같은 내수 영역에서 CBDC를 활용합니다. 또한 유럽은 규제된 유로 토큰으로 기관 고객을 잡고, 중국은 홍콩을 거점으로 위안화 연동 스테이블코인을 확산시킵니다.

이 미래에서는 통화 주권이 완전히 사라지지 않고, 각국이 디지털 화폐의 설계권을 놓고 경쟁하며 균형을 만들어 갑니다. 한국 같은 중견국은 CBDC를 통해 내수를 관리하면서, 무역에서는 달러 스테이블코인과 병행해 활용하는 전략을 택할 수 있습니다.

• • •

이 세 가지 시나리오는 각각 장단점을 안고 있습니다. 글로벌 통합 시나리오는 효율적이지만 불균형합니다. 국가 통제 강화 시나리오는 안정적이지만 혁신을 억제합니다. 여러 돈이 섞여 쓰이는 다극적 공존 시나리오는 복잡하지만 균형적입니다. 어떤 길로 가든 분명한 것은 스테이블코인이 더 이상 사라지지 않는다는 사실입니다. 이미 수많은 시민과 기업이 그 편리함을 경험했고, 글로벌 금융 질서는 그 존재를 기반으로 재편되기 시작했습니다.

따라서 2030년의 질문은 '스테이블코인이 있느냐 없느냐'가 아닙니다. '어떤 스테이블코인이, 누구의 신뢰 위에서, 어떤 균형 속에 자리 잡을 것인가'가 진짜 질문입니다. 그리고 이 답을 누가 더 설득력 있게 내놓느냐가 21세기 화폐 패권의 향방을 결정할 것입니다.

24 AI가 스테이블코인으로 알아서 결제하는 시대

돈이 인간의 손을 떠나는 순간

2025년의 기업들은 이제 효율만을 고민하지 않습니다. AI와 새로운 디지털 화폐가 만나면서 경제의 리듬 자체가 달라지고 있습니다. AI는 고객 데이터를 실시간으로 분석해 자동으로 주문을 넣고, 토큰화된 자산은 블록체인 위에서 분할 소유와 투명한 거래를 가능하게 합니다. 이런 변화 속에서 돈 역시 새로운 얼굴을 요구받습니다. 바로 조건에 따라 자동으로 작동하는 프로그래머블 머니입니다. 그리고 그 무대의 주인공이 스테이블코인입니다.

AI가 선택한 돈, 스테이블코인

AI의 시대가 성큼 다가왔습니다. AI는 더 이상 정보를 분석하거나 대화를 나누는 도구에 머물지 않습니다. 이제는 스스로 데이터를 사고팔고, 콘텐츠를 제작하고, 서비스를 구매하는 경제 행위자economic agent로 진화하고 있습니다.

또한 AI는 이제 단순히 사람의 명령을 따르는 기계가 아닙니다. 스스로 생각하고, 정보를 사고팔고, 필요한 자원을 결제하며 움직이는 새로운 경제 주체로 변하고 있습니다. 이 변화는 마치 사람이 처음으로 지갑을 손에 쥐었을 때처럼 커다란 전환점을 만들어내고 있습니다.

AI가 돈을 쓴다는 이야기가 조금 낯설게 들릴지도 모릅니다. 하지만 이미 우리 주변에서도 그런 조짐을 볼 수 있습니다. 예를 들어 미래의 스마트 냉장고를 상상해봅시다. 우유가 거의 다 떨어지면 냉장고는 스스로 온라인 마켓에 접

스테이블코인, 이미 시작된 돈의 미래

속합니다. 재고를 확인하고, 가장 저렴한 가격을 찾아 주문까지 마칩니다. 이 모든 과정이 몇 초 만에 끝납니다. 결제 승인이나 카드 비밀번호 입력 같은 과정도 필요하지 않습니다. 냉장고가 직접 결제하고, 그 돈은 스테이블코인으로 지불됩니다.

또 다른 예로, AI 개인 선생님이 있습니다. 학생이 문제를 풀면 AI가 즉시 채점하고, 부족한 부분을 분석해 새로운 문제집이나 온라인 강의를 자동으로 구매합니다. 이때도 사람이 결제하지 않습니다. 사전에 설정해둔 한도 안에서 AI가 스테이블코인으로 자동 결제합니다. 이처럼 AI는 '지시 받는 존재'에서 '경제에 참여하는 존재'로 변하고 있습니다.

기존 금융이 멈춘 곳에서도 AI는 계속 달린다

그렇다면 왜 기존의 결제 방식으로는 이런 일이 어려울까요? 우선 신용카드는 사람이 눌러야 작동합니다. 카드를 긁고, 인증번호를 입력해야 승인됩니다. AI는 그런 과정을 대신 할 손가락이 없습니다. 은행 송금도 마찬가지입니다. 주말이나 새벽에 은행은 문을 닫지만, AI는 그렇지 않습니다.

사람이 운영하는 시스템은 멈추는 시간이 있지만 AI는 1초도 쉬지 않습니다. 또한 기존 결제망은 국가마다 규제가 달라서 해외 송금에 시간이 걸리고 수수료도 비쌉니다. AI가 전 세계 데이터를 사고팔아야 하는 시대에는 이런 속도로는 따라갈 수 없습니다.

그래서 AI가 스스로 움직이기 위해서는 언제나 작동하고, 승인 절차가 필요 없으며, 국경을 넘나드는 돈이 필요합니다. 이 조건을 모두 충족하는 것이 바로 스테이블코인입니다.

돈이 코드를 이해하는 순간

스테이블코인은 이름 그대로 가치가 안정된 디지털 화폐입니다. 보통 1달러의 가치를 그대로 유지하도록 설계돼 있습니다. 하지만 진짜 혁신은 '자동으로 작동할 수 있다'는 점입니다.

예를 들어 AI가 데이터를 구매할 때 '요청이 성공하면 0.005달러를 지불한다'는 조건을 코드에 넣을 수 있습니다. 그 조건이 충족되면 스테이블코인이 즉시 전송됩니다. 은행의 확인도, 회계 담당자의 결재도 필요 없습니다. 돈이 코드처럼 움직이는 세상이 된 것입니다.

이 기술은 실제로 빠르게 발전하고 있습니다. 2025년, 미국의 주요 기업들이 함께 만든 x402 프로토콜은 '데이터 요청과 결제를 한 번에 처리'하는 새로운 인터넷 표준입니다. '데이터 요청당 0.005달러를 송금한다'라는 명령 한 줄이면, 정보가 즉시 전달되고 돈이 자동으로 오갑니다. 지갑 연결도, 결제 버튼도 필요 없습니다. AI가 데이터를 사고팔 수 있는 완전한 경제 인프라가 처음으로 완성된 것입니다.

AI가 경제의 새로운 주인이 될 때

세계 최대 스테이블코인 발행사 테더도 최근 이 흐름에 동참했습니다. 테더는 '테더 AITether AI'라는 새로운 시스템을 공개했는데, 이는 AI가 직접 USDT를 결제할 수 있는 환경modular runtime을 제공합니다. AI끼리 데이터를 사고팔고, 연산 자원을 빌리고, 보상을 주고받는 구조가 여기서 현실이 되고 있습니다.

이제 AI는 더 이상 인간의 지시에 의존하지 않습니다. AI 스스로 거래하고, 정산하고, 계약하는 시대가 열린 것입니다.

다시 쓰이고 있는 결제 권력

블록체인 기반 AI 시장은 2023년 4억 달러 규모에서 2032년에는 30억 달러 이상으로 성장할 것으로 예상됩니다. 하지만 진짜 중요한 것은 규모가 아니라 누가 AI 결제의 통로를 장악하느냐입니다. 이 변화는 이미 우리 일상으로 들어오고 있습니다.

구글은 '숍 위드 AIShop with AI'라는 서비스를 출시해 웹사이트를 거치지 않고 AI 모델(제미나이Gemini) 내부에서 바로 상품을 검색하고 결제하게 했습니다. 이 기능이 공개된 뒤, 전자상거래 플랫폼 쇼피파이Shopify의 주가가 하루 만에 5퍼센트나 하락했습니다. 결제와 구매를 직접 처리하는 AI가 등장했기 때문입니다.

멈추지 않는 돈, 멈추지 않는 경제

AI는 멈추지 않습니다. 그리고 AI가 돈을 쓰는 순간, 인간이 만든 경제는 한층 더 빠르고 복잡해집니다. 카드 결제는 사람이 버튼을 눌러야 하지만, 스테이블코인은 AI가 조건을

스테이블코인, 이미 시작된 돈의 미래

만족시키는 즉시 움직입니다. 은행은 주말에 쉬지만, 스테이블코인은 전 세계 어디서나 24시간 내내 돌아갑니다. 이것이 바로 AI 경제에 필요한 돈의 모습입니다.

AI와 스테이블코인이 만나면 돈은 더 이상 사람이 들고 다니는 종이도, 카드 속 숫자도 아닙니다. 그것은 스스로 생각하고 행동하는 신뢰 경제의 언어가 됩니다.

• • •

AI는 더 이상 먼 미래의 기술이 아닙니다. 이미 우리의 일상과 산업 곳곳에서 활용되고 있습니다. 결정을 내리고, 거래를 처리하며, 돈을 움직입니다. 스테이블코인은 그 손끝에서 작동하는 새로운 화폐입니다. 주말에도 쉬지 않고, 승인 버튼 없이 작동하며, 인간의 속도를 넘어 경제를 굴립니다. 우리는 지금 AI가 스스로 사고팔고, 스테이블코인이 스스로 결제하는 시대에 살고 있습니다. 이 변화는 예측이나 전망이 아니라 이미 시작된 현실입니다. 그리고 그 현실 속에서 돈은 더 이상 인간이 '쓰는 것'이 아니라 스스로 움직이며 세상을 연결하는 또 하나의 도구입니다.

25 문제를 해결하는
프로그래머블 머니

기후 대응에 최적화된 돈

  스테이블코인의 프로그래머블한 성격은 기후 위기 대응
에서도 빛을 발할 수 있습니다. 예를 들어 탄소배출권이 토
큰화되어 거래될 때, 스마트 계약에 스테이블코인을 결합
하면 기업의 배출량이 일정 한도를 넘는 순간 자동으로 추
가 비용이 청구되게 할 수 있습니다. 재생에너지를 공급한

스테이블코인, 이미 시작된 돈의 미래

농가나 소규모 발전소에는 미리 정한 조건이 충족되면 즉시 보상이 지급됩니다. 과거에는 복잡한 인증 절차와 회계 과정을 거쳐야 했던 일이 블록체인상의 계약과 스테이블코인을 통해 실시간으로 실행되는 것입니다. 이를 기후금융 climate finance이라고 하는데 돈이 자동으로 흐르며 환경 목표를 밀어주는 구조, 이것이야말로 프로그래머블 머니가 줄 수 있는 사회적 가치입니다.

더 나아가 국제 기후 기금도 스테이블코인을 통해 더 투명하게 집행할 수 있습니다. 선진국이 개발도상국에 약속한 탄소 감축 지원금이 지연되거나 중간에서 새는 일이 많았지만, 블록체인 기반 스마트 계약을 이용하면 조건이 충족되는 즉시 자금이 전달됩니다. 태양광 발전 장비를 설치한 마을이나 탄소흡수림을 조성한 지역은 사후 보고가 아니라 실시간 데이터로 성과를 인증받고, 그 순간 스테이블코인으로 보상을 받을 수 있습니다. '돈이 약속을 바로 실행한다'는 점에서 기후 대응의 속도와 신뢰를 동시에 높이는 방법입니다.

토큰화된 세상의 새로운 돈의 질서

토큰화된 자산의 세계에서도 스테이블코인은 핵심입니다. 부동산, 미술품, 심지어 ESGenvironment, social, governance(환경·사회·지배구조) 프로젝트 지분까지 블록체인 위에 올라오는 상황에서 거래를 뒷받침하는 결제 수단은 변동성이 적고 신뢰할 수 있는 것이어야 합니다. 변동성이 큰 비트코인이나 이더리움은 적합하지 않습니다. 그보다는 달러에 고정된 스테이블코인이 결제 표준이 될 가능성이 큽니다.

정책이 돈으로 실행되는 사회

한국에서도 스테이블코인은 흥미로운 가능성을 보여줍니다. 여러 지방자치단체가 도입한 지역화폐local currency는 원래 지역 내 소비를 늘리고 소상공인을 지원하기 위한 정책적 수단이었습니다. 하지만 운영 비용과 발행 관리의 비효율이 늘 문제로 지적됐습니다. 만약 지역화폐가 블록체인 기반 스테이블코인으로 전환된다면, 발행과 유통에 소요되는 비용을 크게 줄일 수 있고 소비 데이터와 정책 효과도 더 투명하게 측정할 수 있습니다.

더 나아가 프로그래머블 머니의 특성을 살리면 지역화폐의 정책 효과가 배가될 수 있습니다. '지역 내에서만 쓰세요'라는 수준을 넘어 친환경 소비, 사회적 기업, 전통 시장 같은 특정 업종이나 상품에 사용할 수 있도록 조건을 걸 수 있습니다. 정부가 경기 부양을 위해 발행하는 지원금도 동일하게 설계할 수 있습니다. 예컨대 경기 침체기에 가구당 50만 원을 지급할 때, 그 돈이 곧바로 해외직구나 대형마트로 빠져나가지 않고 지역 소상공인·친환경 제품 소비로 이어지도록 스마트 계약이 통제하는 방식입니다. 이는 정부 재정 지출의 효율성을 높이고, 사회적 목표 달성 효과도 키워줍니다.

누가 돈의 규칙을 설계할 것인가

이런 변화를 통해 돈은 단순한 교환 수단에서 벗어나 정책과 사회적 목표를 달성하는 수단으로 확대됩니다. AI가 예측을 하고, 토큰화된 자산이 거래를 열면, 조건이 충족되는 즉시 스테이블코인이 돈을 움직이게 합니다. 그 과정에서 우리는 '돈이 사회적 합의를 자동으로 실행하는 장치'라는 새로운 정의에 도달하게 됩니다.

• • •

이 모든 것은 결국 누가 그 프로그램의 규칙을 설계하느냐에 달려 있습니다. 발행사, 정부, 국제 표준 기구 중 누가 주도권을 가지느냐에 따라 돈의 흐름은 전혀 다른 양상을 보일 것입니다. 스테이블코인이 AI와 토큰화 시대에 새로운 얼굴을 갖는 것은 분명하지만, 그 얼굴이 사회를 어디로 이끌지는 신뢰의 구조와 제도의 설계에 달려 있습니다.

스테이블코인, 이미 시작된 돈의 미래

STABLECOIN

어떤 신뢰 위에 선 새로운 돈인가

4장에서는 '돈의 미래'를 다뤘지만, 그 이야기는 곧 '신뢰의 미래'였습니다. 스테이블코인은 단순한 디지털 결제 수단이 아니라 한 사회가 어떻게 신뢰를 설계하고 유지할 것인가를 보여주는 실험장이 됐습니다. 개인은 속도와 편리함을, 기업은 글로벌 확장과 효율을, 정부는 통제와 안정의 균형을 원합니다. 이 세 주체가 맞물릴 때마다 화폐의 얼굴은 달라집니다.

국민은 편리함을 택하고, 국가는 통제력을 유지하고자 합니다. 민간은 자유를 얻지만, 불안정성을 감수합니다. AI는 계산을 대신 하지만, 인간의 의도를 완전히 이해하지는 못합니다. 이 모든 대립은 결국 하나의 질문으로 귀결됩니다. '신뢰는 누구의 손에 있는가?'

CBDC는 국가의 신뢰를, 스테이블코인은 민간의 신뢰를 상징합니다. 하나는 완벽한 안전을 약속하지만 감시의 부담을 남기고, 다른 하나는 자유를 보장하지만 불안정의 위험을 품고 있습니다. 두 화폐는 서로의 결핍을 보완하며 공존의 길을 찾아갑니다. CBDC가 '안전망'이라면, 스테이블코인은 '실험실'입니다. 안전만으로는 혁신이 없고, 실험만으로는 신뢰가 없습니다. 미래의 디지털 화폐 질서는 누가 이기느냐의 문제가 아니라 누가 더 정교하게 균형을 설계하느냐의 문제입니다.

패권의 무대에서도 돈의 역할은 변하고 있습니다. 미국은 민간 스테이블코인을 품어 달러의 네트워크를 확장하고, 유럽은 규제를 통해 속도를 늦추면서 질서를 지키려 합니다. 중국은 통제 속에서 실험을 병행하고, 한국은 그 사이에서 방향을 찾고 있습니다. 화폐의 미래는 발행의 문제가 아닙니다. 참여의 방식이나 속도의 경쟁도 아닙니다. 신뢰의 경쟁이 됐습니다. 어떤 나라가 먼저 제도를 만들었느냐보다 어떤 나라가 더 설득력 있는 신뢰 구조를 세우느냐가 미래의 경제 지도를 그려갈 것입니다.

AI와 토큰화 시대가 열리면서 돈의 본질이 다시 바뀌었습니다. 돈은 더 이상 사람이 들고 다니는 도구가 아니라 조건이 충족되면 스스로 움직이는 프로그래머블 머니가 됐습니다. AI가 결정을 내리고, 토큰화된 자산이 거래를 열며, 스테이블코인이 즉시 결제를 실행합니다. 과거에는 정부나 기업이 서류로 관리하던 약속이 이제는 코드와 데이터의 규칙 위에서 작동합니다. 돈은 이제 교환의 매개 역할을 넘어 사회적 합의를 자동으로 실행하는 장치로 진화했습니다.

하지만 미래의 방향은 여전히 완성되지 않았습니다. 그 미래는 기술이 아니라 규칙을 설계하는 자에게 달려 있습니다.

'그 규칙을 누가 쓸 것인가. 정부인가, 민간인가, 아니면 AI인가.'

그 답에 따라 사회의 질서와 신뢰의 방식이 전혀 달라질 것입니다. 기술은 우리가 빠른 속도를 구현하게 해줬지만,

신뢰의 설계 없이는 방향을 정할 수 없습니다. 미래의 돈은 속도의 문제가 아니라 윤리와 구조의 문제입니다. 효율이 신뢰를 앞서지 않게, 혁신이 인간을 소외시키지 않게, 우리는 다시 '신뢰'의 무게를 재야 합니다.

한국 역시 같은 기로에 서 있습니다. 원화 스테이블코인은 단순히 발행의 문제가 아니라 그 돈이 어떤 질서 속에서 작동할 것인가의 문제입니다. 정부는 제도를 세우고, 기업은 기술을 확장하며, 국민은 그 속에서 새로운 신뢰의 감각을 체험할 것입니다. 이 세 축이 조화를 이루어야 비로소 화폐의 진화가 완성됩니다.

결국 이 책이 내린 결론은 하나입니다.

'돈의 미래는 기술의 진보가 아니라 신뢰의 설계로 완성된다.'

법과 코드, 데이터와 제도 그리고 인간의 윤리가 함께 엮여야 비로소 화폐는 문명의 중심을 지킬 수 있습니다. 미래의 경쟁은 누가 더 빠르게 만드느냐가 아니라 누가 더 설득력 있게 신뢰를 구축하고 유지하느냐가 핵심입니다. 그 싸움에서 승리하는 개인과 기업 그리고 국가가 21세기의 경제 지도를 다시 그릴 것입니다.

이제 우리는 에필로그로 향합니다. AI가 사고팔고 돈이 스스로 움직이는 시대, 이전에 없던 새 시대가 열리는 변곡점에서 남아 있는 질문은 여전히 같습니다.

'우리는 어떤 신뢰의 규칙 위에 선 돈을 선택할 것인가.'

그 선택이 우리의 미래 그리고 새로운 화폐 문명의 이름이 될 것입니다.

2030년, 우리는 어떤 돈을 믿고 있을까

2025년 여름, 아르헨티나의 한 젊은 직장인은 월급날마다 페소를 스테이블코인으로 바꿉니다. 그는 이렇게 말했습니다. "내가 은행을 믿지 못하니, 결국 이 앱 속의 디지털 달러가 내 가족을 지켜줍니다." 서울의 한 대학생은 학교 식당에서 점심값을 지역화폐 앱으로 결제하며 웃었습니다. "이건 그냥 할인 쿠폰이 아니라 우리 동네 가게를 살리는 돈이죠." 그리고 뉴욕의 한 재무 담당자는 스프레드시트 앞에서 이렇게 중얼거렸습니다. "오늘도 수십억 달러를 스테이블코인으로 정산했다. 그 덕에 회사 자금이 묶이지 않고 바로 돌아간다."

각기 다른 장소와 사람들, 그러나 이들이 모두 붙잡고 있는 것은 돈이었습니다. 더 정확히 말하면, 돈에 대한 신뢰였습니다.

돈은 언제나 신뢰의 약속이었습니다. 조개껍데기에서 금화, 달러 지폐에서 인터넷 뱅킹까지 돈은 늘 시대가 만든 새로운 신뢰의 틀 위에서 기능했습니다. 이제 스테이블코인은 그 신뢰를 재구성하고 있습니다. 발행사의 준비금, 정부의 규제, 시장의 채택이라는 세 가지 힘이 얽혀 만들어내는 새로운 신뢰 구조 위에서 우리는 매일 돈을 쓰고 있습니다.

그렇다면 우리는 어떤 돈을 믿어야 할까요? 달러 패권을 뒷받침하며 글로벌 무역의 표준이 된 스테이블코인일까요, 정부가 발행해 안정성을 보장하는 CBDC일까요? 아니면 지역화폐처럼 공동체를 묶어주는 디지털 토큰일까요?

답은 정해져 있지 않습니다. 누군가는 달러의 힘을, 누군가는 정부의 보증을, 또 누군가는 지역 사회의 유대를 신뢰할 것입니다.

중요한 것은 우리가 '돈을 쓴다'는 행위를 넘어 '어떤 신뢰를 선택할 것인가'라는 더 큰 질문에 직면해 있다는 사실입니다. 돈은 더 이상 눈에 보이는 지폐가 아니라 보이지 않는 네트워크와 프로그램 속에서 움직입니다. 그러므로 돈을 고르는 순간은 곧 신뢰의 틀을 고르는 순간이기도 합니다.

2030년의 세계는 여러 시나리오로 갈라질 수 있습니다. 달러 스테이블코인이 국제 결제의 표준이 될 수도 있고, 각국의 CBDC가 내수를 지배할 수도 있으며, 특정 지역에서는 지역화폐가 더 큰 힘을 발휘할 수도 있습니다. 그러나 어떤 시나리오에서도 변하지 않는 사실이 있습니다. 바로 돈의 본질은 기술이 아니라 신뢰라는 점입니다.

그리고 2030년, 한국인의 삶도 지금과는 크게 달라져 있을 것입니다. 서울의 한 30대 직장인은 미국 스타트업에 원격으로 근무하며 달러 스테이블코인으로 월급을 받습니다. 과거에는 은행 송금 수수료와 환전 절차를 걱정해야 했지만, 이제는 스마트폰 지갑에 바로 입금되어 곧장 생활비로 쓸 수 있습니다. 반대로 자영업자와 중소기업은 은행 대출이 점점 줄어들어 어려움을 겪습니다. 원화 예금 기반이 축소되면서 은행의 대출 여력이 줄었기 때문입니다. 지방 소상공인은 정부가 발행한 디지털 지역화폐 쿠폰을 손님들에게 보여줍니다. 손님이 특정 업종에서 친환경 제품을 사면 보조금이 자동으로 지급되는 구조입니다. 여행을 떠나는 가족은 더 이상 환전을 하지 않습니다. 공항 면세점과 현지 식당 모두 스테이블코인을 받기 때문입니다.

이렇게 2030년의 한국 사회에서는 '내 월급, 내 대출, 내 동네 소비'가 모두 스테이블코인과 프로그래머블 머니를 통해 새롭게 설계됩니다. 편리함과 속도, 글로벌 접근성은 우리 삶을 혁신적으로 바꾸지만, 그 이면에는 원화의 위상 약화와 대출 위축이라는 구조적 도전이 숨어 있습니다. 미래의 화폐 질서는 효율만의 문제가 아니라 우리가 어떤 사회를 만들고 싶은지에 대한 집단적 선택의 문제라는 점이 분명해집니다.

책을 덮는 이 순간, 저는 한 가지 질문을 남기고 싶습니다. '당신은 앞으로 어떤 돈을 믿을 것입니까?'

이 질문에 대한 답을 찾는 과정에서 당신은 단순히 지갑 속 화폐를 고르는 것이 아니라 미래의 사회와 경제 그리고 삶을 어떻게 설계할지를 함께 선택하게 될 것입니다.

부록

용어 정리

- **AI**artificial intelligence(인공지능)

  데이터 분석과 자동 의사결정을 수행하는 기술. 토큰화·스테이블
  코인과 결합하면 효율성을 확대할 수 있다.

- **B2B**business to business

  기업 간 거래. 도매형 CBDC나 스테이블코인 정산이 주로 적용되는
  영역. 이에 비해 기업과 소비자가 직접 거래하는 방식으로 소매형
  CBDC가 주로 적용되는 영역을 B2Cbusiness to consumer라고 한다.

- **BRICS**(브릭스)

  브라질, 러시아, 인도, 중국, 남아프리카공화국 등 신흥 5개국 협의
  체. 자체 통화 기반 스테이블코인을 구상하고 있다.

- **CBDC**central bank digital currency(**중앙은행 디지털 화폐**)

  중앙은행이 발행하는 디지털 통화. 거액결제용wholesale CBDC는
  은행 간 정산용, 소액결제용retail CBDC는 일반 국민용으로 나눌 수
  있다.

- **CEX**centralized exchange

  중앙화 거래소. 테더(USDT)의 거래 대부분이 이곳에서 이뤄진다.
  이에 비해 스테이블코인을 포함한 암호화폐를 중개자 없이 교환하
  는 곳을 탈중앙화 거래소decentralized exchange: DEX라고 한다.

- **COP 회의**

  유엔기후변화협약_{UNFCCC} 당사국총회_{Conference of the Parties}. 매년 전세계 UNFCCC 회원국이 모여 기후변화 대응을 위해 논의하고 결정하는 회의. 1995년에 시작됐으며 2005년 교토의정서, 2015년 파리협정 등의 합의를 이뤘다.

- **DvP**_{delivery versus payment}

  증권 결제 방식. 증권 전달과 동시에 대금 지급이 이뤄진다.

- **ESG**_{environment, social, governance}

  환경·사회·지배구조를 고려한 기업 활동·투자 기준. 토큰화 프로젝트와 결합할 수 있다.

- **FX**_{foreign exchange}(**외환**)

  외국 통화를 교환하는 시장. 스테이블코인은 국경 간 FX 비용을 줄여준다.

- **MiCA**_{markets in crypto-assets regulation}

  EU의 암호자산 규제 프레임워크. 스테이블코인 발행량과 준비금 요건을 엄격히 규제한다.

- **RWA**_{real-world assets}(**실물 자산 토큰화**)

  부동산·금·미술품 같은 '현실의 자산'을 블록체인 토큰으로 만드는 것이다.

- **STO**_{security token offering}(**증권형 토큰 제도화**)

  주식·채권 같은 '증권'을 디지털 토큰 형태로 발행해 사고파는 방식을 말한다.

- **USDC**USD Coin

  서클Circle이 발행하는 달러 연동 스테이블코인으로, 규제 친화 전략을 쓴다.

- **USDT**

  테더Tether가 발행하는 달러 연동 스테이블코인으로, 신흥국에서 광범위하게 사용한다.

- **간편결제 서비스**simple payment service

  모바일 앱을 통해 카드나 계좌를 연동하여 손쉽게 결제하는 서비스(예: 카카오페이, 네이버페이, 토스).

- **국채**government bond

  정부가 재정 지출을 위해 발행하는 채권. 스테이블코인 발행사가 준비금을 운용하는 주요 대상이 된다.

- **금리 정책**monetary policy by interest rate

  중앙은행이 기준금리를 조정해 경기 과열을 식히거나 침체 시 부양하는 정책. 스테이블코인이 확산되면 정책 효과가 줄어들 수 있다.

- **금본위제**gold standard

  화폐 단위의 가치가 일정량의 금과 등가관계를 유지하도록 하는 제도. 등가의 대상이 은일 때는 은본위제silver standard라고 한다.

- **기축통화**key currency

  국가 간에 이뤄지는 금융 거래나 결제에서 기본이 되는 화폐.

- **기후금융**climate finance

  탄소 감축, 재생에너지 지원 등 기후 위기 대응을 위해 자금을 조달하고 운용하는 금융 방식. 프로그래머블 머니와 결합하면 투명성과 속도가 강화된다.

- **네트워크 효과**network effect

  사용자가 많아질수록 가치가 커지는 현상. 달러 스테이블코인이 글로벌 시장을 독점하는 이유도 이것으로 설명할 수 있다.

- **달러 패권**dollar hegemony

  국제 무역과 금융에서 달러가 사실상의 기준 통화로 자리 잡은 현상. 스테이블코인은 이를 더 공고히 한다..

- **디지털 원화**digital won

  한국은행이 시험 중인 CBDC 개념. '프로젝트 한강'을 통해 파일럿을 진행했다.

- **디지털 위안화**digital yuan, e-CNY

  중국 중앙은행이 발행한 소매형 CBDC. 본토 내 공공 서비스 결제에 활용한다.

- **디파이**decentralized finance: DeFi **(탈중앙화 금융)**

  블록체인상에서 은행 없이 대출·투자 등을 할 수 있는 금융 시스템.

- **디페깅**de-pegging

  스테이블코인의 가치가 고정된 기준(예: 1달러)에서 이탈하는 현상 (예: USDC가 0.87달러로 하락했던 사건).

- **민생 소비쿠폰**

  정부나 지방자치단체가 지역 내 소비를 장려하기 위해 발행하는 디지털 화폐나 포인트. 스테이블코인과 결합하면 조건을 정해 설계할 수 있다.

- **브레턴우즈 체제**Bretton Woods system

  전 세계 나라들이 달러를 중심으로 돈 가치를 정하기로 약속한 옛 국제 금융 규칙이다.

- **블록체인 해싱**blockchain hashing

  데이터를 일정한 길이의 '고유한 숫자 조합'(지문)으로 바꾸는 기술로, 위변조를 방지하기 위해 사용한다.

- **스테이블코인**stablecoin

  가치가 달러 등 자산에 고정된 디지털 토큰. USDT, USDC가 대표적이다.

- **시뇨리지**seigniorage

  중앙은행이 화폐를 발행하면서 얻는 이익. 스테이블코인이 확산되면 줄어들 수 있다.

- **알고리즘형 스테이블코인**algorithmic stablecoin

  준비금 대신 알고리즘으로 가격을 유지하려는 스테이블코인. 테라·루나 사태에서 붕괴 사례가 발생했다.

- **역외 위안**CNH

  중국 본토 밖, 특히 홍콩을 비롯한 해외 외환 시장에서 거래되는 위안화. 이에 비해 중국 본토에서 유통되는 위안화는 역내 위안CNY이라고 한다.

- **영지식증명**zero-knowledge proof: ZKP

  정보를 직접 보여주지 않고도 '내가 맞다'는 사실만 증명하는 기술을 말한다.

- **온체인**OnChain

  블록체인 네트워크상에서 직접 기록되고 확인되는 거래 또는 데이터 분석 등을 말하며, 온체인 트랜잭션, 온체인 데이터 분석 등으로 표현한다. 반대로 체인 밖에서 처리되는 정보는 오프체인OffChain이라고 한다.

- **온·오프램프**on·offramp

  현실 세계의 돈(원화·달러)을 코인으로 바꾸거나, 코인을 다시 돈으로 바꾸는 과정을 말한다.

- **원화 스테이블코인**KRW stablecoin

  원화에 가치를 고정한 스테이블코인. 사용처가 부족해 국제 경쟁력은 미미하다.

- **유통**circulation

  화폐나 토큰이 실제 시장에서 얼마나 널리 쓰이는가를 뜻한다. 발행보다 더 중요한 개념으로 강조된다.

- **인터체인지 수수료**interchange fee

  카드로 결제가 이뤄질 때 은행(소비자에게 카드를 발급한 은행, 가맹점과 계약하여 결제를 처리하는 은행) 간에 발생하는 수수료.

- **작업증명**proof-of work : PoW

  컴퓨터가 어려운 문제를 풀어야 거래가 인정되는 방식으로 많은 전기를 사용한다.

- **지분증명**proof of stake: PoS

  코인을 많이 맡긴 사람이 거래 확인을 맡는 방식으로 작업에 소요되
  는 전기량이 매우 적다.

- **지역화폐**local currency

  특정 지역에서만 쓸 수 있는 화폐. 경기 부양, 소상공인 지원 목적
  으로 발행되며 프로그래머블 머니로 확장할 수 있다.

- **크로스체인 브리지**cross-chain bridge

  서로 다른 블록체인끼리 코인이나 정보를 주고받게 해주는 연결 다
  리다.

- **트래블 룰**travel rule

  코인을 보낼 때 '누가 누구에게 보내는지' 기본 정보를 함께 적어야
  하는 국제 규칙을 말한다.

- **프로그래머블 머니**programmable money

  조건이 충족되면 자동으로 실행되는 화폐. 스테이블코인과 스마트
  계약의 결합으로 구현된다.

- **프로젝트 한강**Project Hangang

  한국은행이 진행하는 CBDC 시범 사업으로, 기술·운용 가능성을
  검증하기 위한 파일럿 프로젝트다.

스테이블코인 FAQ

1. 스테이블코인과 비트코인은 무엇이 다른가요?

비트코인은 가격이 롤러코스터처럼 움직입니다. 오늘은 커피값 수준이지만 내일은 자동찻값이 될 수도 있지요. 반면 스테이블코인은 이름처럼 안정적입니다. 달러 같은 자산에 가치를 고정해 항상 '1토큰 = 1달러'가 되도록 설계돼 있습니다. 즉 비트코인이 디지털 금에 가깝다면, 스테이블코인은 디지털 달러에 가깝다고 할 수 있습니다.

2. 스테이블코인은 안전한가요?

겉으로는 늘 1달러로 보이지만, 그 안정성은 발행사의 준비금과 투명성에 달려 있습니다. 은행 예금은 예금보험이 있어서 파산해도 일정액까지 보호받지만, 스테이블코인에는 이런 제도가 없습니다. 준비금을 운용하는 은행이 파산하거나 자금을 부실하게 운용하면 순식간에 1달러 가치 이하로 떨어질 수도 있습니다. 2023년 USDC가 0.87달러까지 떨어진 사건이 바로 그런 예입니다.

3. CBDC와 스테이블코인은 경쟁 관계인가요?

CBDC는 국가가 직접 발행하는 '공식 화폐'이고, 스테이블코인은 민간 기업이 발행하는 '사설 화폐'입니다. 둘은 성격이 다르지만 무대는 같습니다. 공공버스와 택시가 같은 도로를 달리듯, CBDC와 스테이블 코인도 디지털 결제라는 같은 길을 달립니다. 경쟁도 하지만, 때에 따라 서로의 빈틈을 메우며 공존하기도 합니다.

4. 한국에서도 스테이블코인을 쓸 수 있나요?

그렇습니다. 다만 아직은 제도권 결제가 아니라 주로 암호화폐 거래소나 해외 송금, 개인 간 거래 등에서 쓰입니다. 예를 들어 유학생 부모가 한국 원화를 거래소에서 USDT로 바꿔 미국으로 보내면, 자녀가 현지에서 달러로 환전해 학비를 낼 수 있습니다. 은행 창구를 통하지 않고도 몇 분 만에 송금을 마무리할 수 있습니다.

5. 스테이블코인을 쓰면 은행이 사라지나요?

은행은 여전히 필요합니다. 다만 역할이 달라집니다. 과거 은행이 돈의 주인공이었다면, 앞으로는 무대 뒤 인프라 역할로 변할 수 있습니다. 예를 들어 스테이블코인 발행사의 준비금을 보관·운용하거나, 기업 고객 간 대규모 결제를 블록체인과 연결해주는 기능을 맡는 식이지요.

6. 달러 말고 원화 스테이블코인도 있나요?

한국에서도 원화 스테이블코인 논의가 진행되고 있습니다. 그러나 현실은 냉정합니다. 전 세계 스테이블코인의 99퍼센트 이상이 달러 기반입니다. 유로화와 엔화조차 존재감이 미미한 터라 원화가 글로벌 무대에서 경쟁력을 갖기는 쉽지 않습니다. 원화 토큰이 나온다고 해도 결국 대부분은 달러 토큰으로 바꿔 쓰일 가능성이 큽니다.

7. 스테이블코인으로 커피도 살 수 있나요?

이론적으로는 가능합니다. 베네수엘라나 나이지리아 일부 지역에서는 노점상들이 QR코드로 USDT를 받습니다. 하지만 한국에서는 아직 제도적으로 불가능합니다. 다만, 미래에는 커피값을 카카오페이로 결제하더라도 정산은 뒷단에서 스테이블코인으로 이뤄지는 풍경이 일상화될 수도 있습니다.

8. 투자자에게 스테이블코인은 어떤 의미가 있나요?

투자자에게 스테이블코인은 '숨 고르기 공간'입니다. 가격이 출렁이는 비트코인과 이더리움 사이에서 자산을 잠시 안전하게 맡겨두는 곳이지요. 또한 디파이(탈중앙화 금융)에서는 스테이블코인이 담보·대출·예금의 기본 단위가 됩니다. 즉, 투자자에게는 단순히 '디지털 달러'가 아니라 새로운 금융 생태계의 바탕이 되는 자산입니다.

9. 정부는 왜 스테이블코인을 규제하려 하나요?

이유는 세 가지입니다. 첫째는 소비자 보호입니다. 가치가 갑자기 하락하면 국민 피해가 크기 때문입니다. 둘째는 금융 안정성입니다. 은행 대신 스테이블코인이 돈을 빨아들이면 금융 시장이 흔들리기 때문입니다. 셋째는 자금세탁 방지입니다. 범죄 자금이 은행이 아닌 스테이블코인으로 흘러가면 추적하기가 어렵기 때문입니다. 정부의 입장은 '혁신은 허용하되, 통제는 놓지 않겠다'는 것입니다.

10. 스테이블코인이 달러 패권을 강화한다는 말은 무슨 뜻인가요?

달러가 더 넓게 퍼진다는 뜻입니다. 아르헨티나 슈퍼마켓 주인이 매일 USDT로 밀가룻값을 결제하고, 나이지리아 학생이 학비를 USDC로 납부한다고 가정해보겠습니다. 이는 달러가 지폐를 넘어 스마트폰 속 네트워크로까지 뻗어나간 것입니다. 미국 정부가 개입하지 않아도 달러 없이 못 사는 세상이 되어 달러의 영향력이 갈수록 확대되는 것이죠.

11. 테라·루나 사태와 스테이블코인은 어떤 관계가 있나요?

테라의 UST는 '알고리즘형 스테이블코인'이었습니다. 달러 담보 없이 수요·공급 알고리즘으로 1달러 가치를 유지하려 했습니다. 하지만 2022년 대규모 매도 사태 앞에서 무너지면서 수십조 원이 증발했습니다. 이 사건은 시장 전체에 충격을 주었고, '스테이블코인에는 반드시 튼튼한 담보가 필요하다'는 교훈을 남겼습니다.

12. 스테이블코인 사용이 늘면 내 대출 금리에 영향이 있나요?

영향이 미칠 수 있습니다. 은행 대출의 재원은 예금인데, 사람들이 예금 대신 스테이블코인 지갑에 돈을 보관하면 은행의 여력이 줄어들기 때문입니다. 그러면 대출 금리가 오르거나, 중소기업·자영업자 대출이 줄어들 수 있습니다. 즉, 눈에 보이지 않지만 스테이블코인의 확산은 금융 시스템 전반에 파급효과를 미칠 수 있습니다.

13. 미국과 유럽의 규제 방식은 왜 다른가요?

미국은 달러 패권이 걸려 있습니다. 따라서 스테이블코인의 성장을 완전히 막을 수는 없고, 모호하게 관리하며 영향력을 키우려 합니다. 반면 유럽은 유로의 신뢰가 더 중요한 문제입니다. 그래서 발행 한도를 정하고, 담보 요건을 엄격히 규정하는 등 통제를 강화합니다. 같은 스테이블코인이라도 국가의 전략적 이해에 따라 규제 태도가 달라지는 거죠.

14. 미래에는 스테이블코인이 법정통화처럼 쓰이게 될까요?

가능성은 있습니다. 하지만 전 세계가 하나의 통화를 쓸 수는 없듯, 스테이블코인도 국가별로 다른 선택을 할 것입니다. 미국은 달러 스테이블코인을 제도권으로 끌어들이려 하고, 중국은 디지털 위안으로 대응하며, 유럽은 유로 토큰을 키우려 합니다.

15. 언제쯤 내가 일상에서 스테이블코인을 경험할 수 있을까요?

이미 해외 송금에서는 체감할 수 있습니다. 몇 년 안에 한국에서도 글로벌 온라인 쇼핑몰, 프리랜서 급여 지급, 여행자 결제 등에서 접할 가능성이 큽니다. 다만 편의점 결제 같은 일상으로까지 들어오려면 제도와 인프라 변화가 필요합니다. 결국 '언제쯤이냐'의 답은 기술이 아니라 규제와 사회적 수용 속도에 달려 있습니다.

스테이블코인, 이미 시작된 돈의 미래

내 지갑에 스테이블코인을 담기 전 알아야 할 체크리스트

1. 누가 만들었는지 살펴보기
테더(USDT)나 서클(USDC)처럼 잘 알려진 회사가 만든 코인인지 확인하세요.

2. 믿을 만한 곳인지 따져보기
발행사의 이력을 추적하여 준비금(뒤에서 받쳐주는 돈)을 공개하는지, 문제가 생겼을 때 어떻게 대응했는지 찾아보세요.

3. 인증된 거래소 이용하기
스테이블코인은 OTC(장외시장)라고 불리는 코인 환전소, 개인 간 거래를 통해서도 살 수 있습니다. 하지만 신원 확인이 어렵고 사기 위험이 크기 때문에 인증된 거래소나 공식 지갑 앱을 이용하는 것이 좋습니다. '지인 추천'이나 '고수익 보장' 같은 말은 피하는 게 안전합니다.

4. 잃어도 영향을 받지 않을 정도의 금액만 넣기
은행 예금처럼 정부가 보장하지 않으니 생활비 전체를 넣지 말고 일부만 사용하세요.

5. 보관할 때는 잠금장치 꼭 사용하기

휴대전화 비밀번호, OTP, 지갑 비밀번호를 설정해두세요. 큰 금액은 인터넷에 연결되지 않는 하드웨어 지갑에 넣는 것도 좋은 방법입니다.

6. 내가 쓰려는 목적 생각하기

해외 송금, 온라인 결제, 단기 보관 등 왜 필요한지를 먼저 정하세요. 목적에 맞는 만큼만 사용하면 위험을 줄일 수 있습니다.

스테이블코인, 이미 시작된 돈의 미래